ज़ाँ पॉल सार्त्र

ज़ाँ पॉल सार्त्र का जन्म 21 जून, 1905 को पेरिस, फ्रांस में हुआ था। उनकी शिक्षा-दीक्षा फ्रांस के अलावा मिस्र, इटली, ग्रीक और जर्मनी में एडमंड हसर्ल और मार्टिन हाइडेगर की देखरेख में हुई। विचारों से नास्तिक व साम्यवाद के समर्थक सार्त्र ने कभी किसी पार्टी की सदस्यता नहीं ली और चालीस के दशक में फ्रांसीसी सेना में भी रहे। 1940-41 में वे युद्धक़ैदी के रूप में नौ महीने जर्मनी में रहे। वे 'फ्रेंच रैली ऑफ़ रिवोल्यूशनरी डेमोक्रेट्स' के संस्थापकों में एक थे। 'रेजिस्टेंश मूवमेंट' के लिए भूमिगत रूप से उन्होंने उसके समाचार-पत्रों 'कॉम्बात' और 'ललेत्र फ्रांत्सुवा' के लिए काम किया।

एक दार्शनिक और लेखक के रूप में उन्होंने उपन्यास, नाटक, पटकथाएँ, आत्मकथाएँ व साहित्यिक-राजनीतिक आलोचनाएँ लिखीं। उनकी प्रमुख रचनाएँ हैं—'नॉज़िया', 'द रोड्स टू फ्रीडम', 'नो एग्ज़िट', 'द फ़्लाइज़', 'डर्टी हैन्ड्स', 'बीइंग एंड नथिंगनेस', 'द इमैजिनरी', 'क्रीटिक ऑफ़ डायलेक्टिकल रीजन', 'द फ़ैमिली ईडियट'।

उन्हें 1940 में 'ल मूर' के लिए 'रोमां पोपुलिस्त पुरस्कार' मिला। 1945 में उन्होंने 'फ्रेंच लेज़ाँ दोनॉर सम्मान' ठुकरा दिया। 1947 में 'न्यूयॉर्क ड्रामा क्रिटिक लॉ नौसे' के लिए और सम्पूर्ण कृतित्व के लिए 1960 का 'ओमेग्ना पुरस्कार'। साहित्य का 'नोबल पुरस्कार' भी उन्होंने 1964 में ठुकरा दिया। जेरूसलम के हिब्रू विश्वविद्यालय ने 1976 में उन्हें मानद डॉक्टरेट की उपाधि से सम्मानित किया।

15 अप्रैल, 1980 को पेरिस, फ्रांस में उनका निधन हुआ

मैले हाथ

ज़ाँ पॉल सार्त्र

अनुवाद
मनोज कश्यप 'भालेन्दु'

राजकमल पेपरबैक्स

मूल कृति Les Mains Sales से अनूदित

Published in association with the French Embassy in India
Publié avec le soutien de l' Ambassade de France en Inde
भारत में फ्रांसीसी दूतावास के सहयोग से प्रकाशित

पहला पुस्तकालय संस्करण
राजकमल प्रकाशन प्राइवेट लिमिटेड द्वारा
2006 में प्रकाशित

राजकमल पेपरबैक्स में
पहला संस्करण : 2024

राजकमल पेपरबैक्स : उत्कृष्ट साहित्य के जनसुलभ संस्करण

राजकमल प्रकाशन प्रा.लि.
1-बी, नेताजी सुभाष मार्ग, दरियागंज
नई दिल्ली-110 002
द्वारा प्रकाशित

शाखाएँ : अशोक राजपथ, साइंस कॉलेज के सामने, पटना-800 006
पहली मंजिल, दरबारी बिल्डिंग, महात्मा गांधी मार्ग, प्रयागराज-211 001
1, अनमोल सोराबजी संतुक लेन, धोबी तलाव, मरीन लाइंस, मुम्बई-400 002
वेबसाइट : www.rajkamalprakashan.com
ई-मेल : info@rajkamalprakashan.com

बी.के. ऑफसेट
नवीन शाहदरा, दिल्ली-110 032
द्वारा मुद्रित

मूल्य : ₹250

MAILE HATH
by Jean Paul Sartre
Translated by Manoj Kashyap 'Bhalendu'

ISBN : 978-93-6086-437-8

पात्र परिचय

1. होएडरर (ओएद्रे)*—प्रोलेटेरियन पार्टी के प्रमुखों में से एक।
2. ह्यूगो बारीन (इयूगो बारीन)*—पार्टी का एक युवा कार्यकर्ता
3. जेसिका—ह्यूगो की पत्नी

4. जॉर्ज 5. लियोन 6. स्लिक	ओएद्रे के अंगरक्षक
7. लुईस (लुई)* 8. फ्रांत्ज़ 9. चार्ल्स (शार्ल)* 10. ईवान 11. ओल्गा लारोम	प्रोलेटेरियन पार्टी के कार्यकर्ता

12. प्रिंस पॉल—इलिरिया के राज प्रतिनिधि का पुत्र
13. कासर्की—पेंटागन पार्टी का सचिव

इलिरिया—केन्द्रीय यूरोप में एक काल्पनिक देश

* कोष्ठक में नामों के फ्रांसीसी उच्चारण दिए गए हैं।

प्रथम अंक

ओल्गा के घर का दृश्य।

शहर की मुख्य सड़क के किनारे एक छोटे से घर का भूतल। दाईं तरफ मुख्य प्रवेशद्वार और एक खिड़की, जिसके पल्ले बन्द हैं। कमरे में पीछे की तरफ दराजोंवाली एक छोटी-सी मेज पर एक टेलीफोन। बाईं ओर पीछे की तरफ मेज, कुर्सियाँ। बेमेल सस्ता साजो-सामान। ऐसा महसूस होता है कि इस कमरे में रहनेवाला अपने आस-पास के वातावरण से पूरी तरह उदासीन है। बाईं तरफ दरवाजे के साथ ही एक आतिशदान जिसके ऊपर एक दर्पण रखा है। सड़क पर समय-समय पर गुजरती गाड़ियाँ, यातायात, हॉर्न की आवाजें।

दृश्य-1

ओल्गा, बाद में ह्यूगो

ओल्गा बैटरीवाले रेडियो सैट के सामने अकेली बैठी रेडियो के बटनों से छेड़-छाड़ कर रही है। कुछ व्यवधान, और फिर एक अलग-सी आवाज़।

उद्घोषक की आवाज—

'जर्मन सेनाएँ पूरी सीमा पर हर जगह लड़ते हुए पीछे हट रही है। इलिरिया की सीमा से चालीस किलोमीटर दूर स्थित किश्चनार पर सोवियत सेना ने कब्जा कर लिया है। हर जगह, जहाँ भी सम्भव है, इलिरिया की टुकड़ियाँ

लड़ाई से इनकार कर रही है, बहुत-सी टुकड़ियों के लोग पहले ही मित्र सेनाओं के पक्ष में जा चुके हैं। इलिरिया के लोगो, हम जानते हैं कि आपको रूस के विरुद्ध हथियार उठाने पर मजबूर होना पड़ा। हम इलिरिया की जनता की गहरी लोकतान्त्रिक विचारधारा से परिचित हैं और हम...'
ओल्गा घुंडी घुमाती है और आवाज़ बन्द हो जाती है। ओल्गा आँखे शून्य में गड़ाए अचल बैठी रहती है। कुछ समय यूँ ही व्यतीत होता है। दरवाज़े पर दस्तक। वह चौंक पड़ती है। दरवाज़े पर फिर से दस्तक। वह धीरे से दरवाज़े की ओर जाती है। एक बार फिर से दस्तक।

ओल्गा : कौन ?

ह्यूगो की आवाज़ : ह्यूगो।

ओल्गा : कौन ?

ह्यूगो की आवाज़ : ह्यूगो बारीन

(ओल्गा नाम सुनकर थोड़ी-सी चौंकती है, फिर जड़-सी दरवाज़े के सामने खड़ी रह जाती है।)

तुम मेरी आवाज़ नहीं पहचानती ? खोलो, मुझे अन्दर आने दो।

(ओल्गा तेज़ी से दराजवाली मेज़ की तरफ जाती है। दराज़ से निकालकर कोई चीज़ अपने बाएँ हाथ में लेती है। और बाएँ हाथ को एक तौलिए से ढककर दरवाज़ा खोलने जाती है और किसी अनअपेक्षित घटना से बचने के लिए दरवाज़ा खोलकर तेजी से पीछे हट जाती है। दरवाज़े की चौखट पर तेईस वर्ष का एक लम्बा-सा युवक खड़ा है।)

ह्यूगो : ये मैं हूँ।

(दोनो अवाक् होकर कुछ क्षण एक-दूसरे को देखते हैं।)

तुम्हें हैरानी हुई ?

ओल्गा : तुम कुछ बदले-बदले से लग रहे हो।

ह्यूगो : हाँ, मैं बदल गया हूँ। *(कुछ क्षण रुककर)* तुम मुझे अच्छी तरह से देख चुकी, पहचान चुकी ? कोई गलती तो नहीं हुई ? *(तौलिए में ढके रिवाल्वर की ओर इशारा करते हुए)* अब तुम इसे रख सकती हो।

ओल्गा : *(बिना रिवाल्वर रखे)* मैंने सोचा था कि तुम्हें पाँच साल की सज़ा हुई थी।

ह्यूगो : सही बात है, पाँच साल की ही हुई थी।

ओल्गा : अन्दर आ जाओ और दरवाज़ा बन्द कर दो। *(वो एक कदम पीछे हटती है। रिवाल्वर सीधे ह्यूगो पर नहीं तना है पर वो उससे ज्यादा दूर भी नहीं है। ह्यूगो एक विनोदपूर्ण नज़र रिवाल्वर पर डालता है और ओल्गा की ओर धीरे से पीठ करते हुए दरवाज़ा बन्द कर देता है।)* भाग आए ?

ह्यूगो : भाग आया ? मैं पागल नहीं हूँ ? उन्हें मुझे ढकेलकर बाहर निकालना पड़ता। *(कुछ रुककर)* उन्होंने मुझे अच्छे चाल-चलन की बिना पर छोड़ दिया।

ओल्गा : तुम्हें भूख लगी है ?

ह्यूगो : तुम तो चाहोगी ही कि मुझे भूख लगी हो, है ना ?

ओल्गा : क्यों ?

ह्यूगो : क्योंकि देना कितना सुविधाजनक है। इससे एक दूरी बनी रहती है और खाते समय आदमी बड़ा निरीह दिखता है ! *(कुछ रुककर)* धन्यवाद ! मुझे भूख-प्यास कुछ नहीं है।

ओल्गा : सिर्फ ना कह देना काफी होता!

ह्यूगो : शायद तुम्हें याद नहीं रहा, मैं बहुत बोला करता था।

ओल्गा : मुझे याद है।

ह्यूगो : *(अपने चारों तरफ देखता है)* कितना खाली-खाली, हालाँकि सभी कुछ अपनी जगह पर है। मेरा टाईपराईटर ?

ओल्गा : बिक गया।

ह्यूगो : ओह *(कुछ क्षण कमरे को देखता है।)* ये खाली-खाली-सा है।

ओल्गा : क्या खाली-खाली सा है ?

ह्यूगो : *(चारों ओर देखकर इशारा करते हुए)* ये सब! ये फर्नीचर मानो शून्य में तैर रहा है। वहाँ पर, जब मैं बाँहें फैलाता था तो आमने-सामने की दो दीवारों को एक साथ छू सकता था। पास आओ। *(वह पास नहीं आती)* सच है, जेल के बाहर सम्मानजनक दूरी के साथ जिया जाता है।

जगह की कितनी बर्बादी। आज़ादी कितनी अजीब है ? इससे सिर चकराने लगता है। मुझे फिर से लोगों को बिना छुए बात करने की आदत डालनी होगी।

ओल्गा : उन्होंने तुम्हें कब रिहा किया ?

ह्यूगो : थोड़ी देर पहले ही

ओल्गा : तुम सीधे यहीं आ रहे हो ?

ह्यूगो : तो मैं और कहाँ जाता ?

ओलगा : तुमने किसी को यहाँ आने के बारे में बताया तो नहीं ?

(ह्यूगो उसे देखता है और हँसने लगता है।)

ह्यूगो : नहीं ओल्गा नहीं, यकीन रखो, किसी को नहीं बताया।

(ओल्गा का तनाव कुछ कम होता है और वह उसे देखती है।)

ओल्गा : उन्होंने तुम्हारा सिर नहीं मूड़ा ?

ह्यूगो : नहीं।

ओल्गा : पर उन्होंने सब लटें साफ कर दी। (कुछ क्षण)

ह्यूगो : मुझे दोबारा देखकर तुम्हें खुशी हुई ?

ओल्गा : मालूम नहीं। *(सड़क पर गुजरती एक गाड़ी। हॉर्न और इंजन की आवाज़। ह्यूगो काँप उठता है। गाड़ी दूर चली जाती है। ओल्गा ठंडेपन से उसे देखती है।)* अगर तुम्हें सचमुच रिहा कर दिया गया है तो तुम्हें डरने की ज़रूरत नहीं।

ह्यूगो : *(व्यंग्यात्मक स्वर में)* तुम्हें पूरा यकीन है ? *(वह कंधे उचकाता है, कुछ समय यूँ ही व्यतीत होता है।)* लुईस का क्या हुआ ?

ओल्गा : वो ठीक है।

ह्यूगो : और लोंरो ?

ओल्गा : वो उतना खुशकिस्मत नहीं निकला।

ह्यूगो : मुझे यही डर था। पता नहीं क्यों पर मैं उसे मन-ही-मन मुर्दा मान चुका था। पार्टी में बहुत बदलाव आ गए होंगे ?

ओल्गा : जर्मनों के आने के बाद से जिन्दगी कहीं अधिक मुश्किल हो गई है।

ह्यूगो : *(उदासीनता से)* सच है। वो लोग यहाँ कब से हैं ?

ओल्गा : तीन महीने से। पाँच डिवीजन। सिद्धान्ततः तो वो हंगरी

जाने के लिए यहाँ से गुज़र रहे थे पर फिर वो यहीं रुक गए।

ह्यूगो : अच्छा। अच्छा। *(रुचि लेते हुए)* तुम्हारे यहाँ कई नए लोग आए होंगे ?

ओल्गा : काफी लोग।

ह्यूगो : जवान लोग ?

ओल्गा : युवाओं की संख्या कम नहीं है। अब बिलकुल पुराने ढर्रे पर भर्ती नहीं की जाती। खाली जगह को भरा जाना है...हम...हम पहले से कहीं अधिक उदार हो गए हैं।

ह्यूगो : हाँ यकीनन, परिस्थितियों के अनुसार बदलना तो पड़ता ही है। *(थोड़ा-सा चिन्तित होकर)* लेकिन मूल रूप से तो नीति वहीं है न।

ओल्गा : *(थोड़ा असमंजस में पड़कर)* आँ...हाँ ! मोटे तौर पर तो वही है।

ह्यूगो : खैर...तुम जिन्दा हो। जेल में ये कल्पना करना मुश्किल होता है कि बाकी लोगों की जिन्दगी अपनी राह पर चलती रहती है। तुम्हारी जिन्दगी में कोई है ?

ओल्गा : कभी-कभार *(ह्यूगो के चेहरे के भाव को देखते हुए)* फिलहाल कोई नहीं।

ह्यूगो : क्या...तुम लोग कभी-कभी मेरे बारे में बातें करते थे ?

ओल्गा : *(झूठ बोलने की असफल कोशिश करते हुए।)* कभी-कभार किया करते थे।

ह्यूगो : वो लोग रात में साइकिलों पर आते होंगे, जैसे मेरे समय में आते थे। मेज़ के चारों तरफ बैठते होंगे, लुईस अपने पाईप में तम्बाकू भरता हुआ, और फिर कोई बोला होगा...ऐसी ही एक रात छुटके ने एक गोपनीय मिशन पर जाने का प्रस्ताव किया था ?

ओल्गा : इसी तरह की कुछ बातें।

ह्यूगो : और तब तुमने कहा होगा कि उसने बड़ी सफाई से अपने काम को अंजाम दिया और किसी का नाम भी बीच में नहीं आने दिया।

ओल्गा : हाँ, हाँ, हाँ।

ह्यूगो : कभी-कभी बारिश से मेरी नींद खुल जाती थी और मैं खुद से कहता था कि आज वहाँ भी बारिश हो रही होगी। और फिर दोबारा सोने से पहले मुझे खयाल आता कि शायद आज वो लोग मेरे बारे में बातें करेंगे। इस तरह मैं मुर्दों से बेहतर स्थिति में था। मैं अब भी ये सोच सकता था कि तुम लोग मेरे बारे में सोचते होगे। *(ओल्गा अनचाहे ही, यूँ ही उसकी बाँह पकड़ लेती है। दोनों एक-दूसरे को देखते हैं। ओल्गा उसकी बाँह छोड़ देती है।)*

ह्यूगो : *(थोड़ा अकड़-सा जाता है।)* और तब तुम लोगों ने कहा होगा कि उसकी सज़ा के अभी तीन साल बाकी हैं। और जब वो बाहर आएगा *(ओल्गा पर नज़रें जमाए ही सुर बदलते हुए)* जब वो बाहर आएगा तो हम उसे उसका ईनाम देंगे, कुत्ते की मौत मारकर।

ओल्गा : *(पीछे हटते हुए)* तुम पागल हो गए हो क्या ?

ह्यूगो : जाने दो, ओल्गा जाने दो *(कुछ क्षण रुककर)* मुझे चॉकलेट भेजने का काम उन्होंने तुम्हें सौंपा था ?

ओल्गा : कौन-सी चॉकलेट ?

ह्यूगो : जाने दो।

ओल्गा : *(ज़ोर देते हुए)* कौन-सी चॉकलेट ?

ह्यूगो : गुलाबी डिब्बे में, शराबवाली चॉकलेट। किसी द्रेश्ख नाम के शख्स ने छः महीने तक नियमित रूप से पार्सल भेजे चूँकि मैं इस नाम के किसी व्यक्ति को नहीं जानता था, मैंने सोचा कि पार्सल तुमने भेजे हैं। और इससे मुझे खुशी मिली। फिर उनका आना बन्द हो गया और मैंने सोचा कि वो लोग मुझे भूल गए। और फिर तीन महीने पहले उसी नाम से चॉकलेट और सिगरेट का एक डिब्बा मिला। सिगरेट मैंने पी ली और चॉकलेट मेरे साथ की कोठरीवाले कैदी ने खा ली। बेचारे को चॉकलेट खाकर बहुत ही कष्ट हुआ। बहुत ही ज्यादा कष्ट। फिर मैंने सोचा कि वो लोग मुझे भूले नहीं हैं।

ओल्गा : फिर क्या हुआ ?

ह्यूगो : वो मर गया। बस और क्या !

ओल्गा : हाँ, होएडरर के कुछ दोस्त होंगे जिनके दिल में तुम्हारे लिए जरा भी जगह नहीं होगी।

ह्यूगो : ये बात मुझे बताने के लिए उन्हें दो साल का इंतज़ार करने की ज़रूरत नहीं थी। नहीं ओल्गा, इस कहानी पर विचार करने के लिए मेरे पास पूरा समय था और मुझे इसका एक ही कारण समझ आया। शुरु में पार्टी ने सोचा होगा कि मैं अभी भी उनके काम का था और बाद में उन्होंने अपना ये विचार बदल दिया।

ओल्गा : *(नरमाई से)* तुम बहुत बोलते हो ह्यूगो, हमेशा से ही, बहुत बोलते हो। जिन्दा होने का अहसास करने के लिए तुम्हें बोलने की ज़रूरत पड़ती है।

ह्यूगो : कितना सही कहा तुमने। मैं बहुत बोलता हूँ, ये बात मैं खुद भी बहुत लम्बे समय से जानता हूँ, और तुमलोगों को कभी भी मुझ पर यकीन नहीं था। ये बात जानने के लिए बहुत दूर तक जाने की ज़रूरत नहीं है। *(कुछ क्षण रुककर)* जानती हो, मैं तुम लोगों को कोई दोष नहीं देता। इस पूरे किस्से की शुरुआत ही खराब हुई।

ओल्गा : ह्यूगो, मेरी तरफ देखो। जो तुम कह रहे हो क्या सचमुच तुम ऐसा मानते हो ? *(वह उसे देखती है)* हाँ, तुम ऐसा ही मानते हो *(उग्रता से)* फिर तुम मेरे यहाँ क्यों आए हो ? क्यों, क्यों ?

ह्यूगो : क्योंकि तुम मुझपर गोली नहीं चला सकती। *(वो उसके हाथ में अभी तक पकड़ी हुई रिवाल्वर को देखता है और मुस्कराता है।)* कम-से-कम मैं ऐसा ही मानता हूँ। *(ओल्गा गुस्से से मुँह बनाते हुए तौलिए में लिपटे हुए रिवाल्वर को मेज़ पर पटक देती है।)* देखा।

ओल्गा : सुनो ह्यूगो...तुमने जो कुछ भी कहा मुझे उसके एक शब्द का भी यकीन नहीं और मुझे तुम्हारे बारे में कोई आदेश नहीं मिले हैं लेकिन अगर आदेश मिले तो जान लो कि मैं, जो भी आदेश मिले, उनका पालन करूँगी और अगर पार्टी में किसी ने मुझसे पूछा तो मैं उन्हें बतला दूँगी कि तुम यहाँ हो, भले ही मेरी आँखों के सामने तुम्हारा कत्ल हो जाए।

तुम्हारे पास रुपए हैं ?

ह्यूगो : नहीं।

ओल्गा : मैं तुम्हें कुछ रुपए देती हूँ और तुम यहाँ से चले जाओ।

ह्यूगो : कहाँ ? बन्दरगाह की सँकरी गलियों में छिपने या घाटों पर भटकने के लिए ? पानी बहुत ठंडा है ओल्गा। कुछ भी हो, यहाँ कम-से-कम गरमी और रौशनी तो है। ये कहीं अधिक आरामदायक अन्त होगा।

ओल्गा : ह्यूगो पार्टी जो कहेगी वो मैं करूँगी। मैं कसम खाकर कह रही हूँ कि मुझे, जो भी हुक्म होगा मैं पूरा करूँगी।

ह्यूगो : तुम जानती ही हो कि ये सच है।

ओल्गा : चले जाओ।

ह्यूगो : नहीं. *(ओल्गा की नकल उतारते हुए)* 'पार्टी जो भी कहेगी, मैं करूँगी।' हैरान हो जाओगी। पूरी श्रद्धा के साथ किए गए काम भी वो नहीं होते जिनका कि पार्टी आप को आदेश देती है। 'तुम होएडरर के घर जाओगे और उसके पेट में तीन गोली उतार दोगे।' ये एक बहुत ही सीधा सादा-सा आदेश है। है न ? और मैं होएडरर के घर गया और उसके पेट में तीन गोली उतार दी। बात इतनी सीधी नहीं थी। आदेश ? इसके बाद कोई आदेश नहीं थे। एक खास क्षण के बाद आदेश इंसान को अकेला छोड़ देते हैं। आदेश पीछे रह गया और मैं अकेला ही आगे बढ़ता चला गया और कत्ल सिर्फ मैंने, अकेले ही किया। मैं अब ये भी नहीं जानता कि क्यों किया ? मेरी इच्छा है कि पार्टी तुम्हें मेरे ऊपर गोली चलाने का आदेश दे, मैं देखना चाहूँगा कि तब क्या होता है।

ओल्गा : तुम देख लोगे। *(कुछ क्षण रुककर)* अब तुम क्या करनेवाले हो ?

ह्यूगो : पता नहीं, मैंने इस बारे में कुछ सोचा नहीं। जब उन्होंने जेल का दरवाज़ा खोला तो मैंने सोचा कि मैं इधर आऊँगा और मैं इधर आ गया।

ओल्गा : जेसिका कहाँ है ?

ह्यूगो : अपने पिता के घर। शुरू में कभी-कभार उसने मुझे ख़त

लिखे। मुझे लगता है कि अब वो अपने नाम के साथ मेरा नाम नहीं लगाती।

ओल्गा : मैं तुम्हें कहाँ टिकाऊँ ? कामरेड्स अपनी मर्जी मुताबिक कभी भी यहाँ आते रहते हैं।

ह्यूगो : तुम्हारे सोने के कमरे में भी ?

ओल्गा : नहीं, वहाँ नहीं।

ह्यूगो : मैं वहीं रहूँगा। वहाँ दीवान पर बत्तख के परोंवाली एक लाल रंग की रज़ाई हुआ करती थी। दीवारों पर पीले और हरे हीरे की छापोंवाले कागज़, दो तस्वीरें जिनमें से एक मेरी थी।

ओल्गा : क्या कोई स्टॉक लिस्ट बना रहे हो ?

ह्यूगो : नहीं, याद कर रहा हूँ। मैं अकसर इस बारे में सोचा करता था। दूसरी तस्वीर के बारे में सोचने में मैं व्यस्त रहता था। अब मुझे याद नहीं कि वो किसकी थी।

(सड़क पर एक गाड़ी गुज़रती है, वो चौंक पड़ता है। दोनों चुप हैं। गाड़ी रुकती है। गाड़ी के दरवाज़े के बन्द होने की आवाज़। घर के दरवाजे पर दस्तक।)

ओल्गा : कौन है ?

चार्ल्स की आवाज़ : मैं चार्ल्स हूँ।

ह्यूगो : *(फुसफुसाते हुए)* चार्ल्स कौन ?

ओल्गा : *(फुसफुसाते हुए ही)* पार्टी का ही आदमी है।

ह्यूगो : *(उसे देखता है...)* तब फिर ?

(एक छोटे से अन्तराल के बाद चार्ल्स दोबारा दस्तक देता है।)

ओल्गा : अब तुम किस बात का इन्तजार कर रहे हो ? मेरे कमरे में जाओ। वहाँ तुम अपनी बाकी बची यादों को भी ताजा कर सकते हो।

(ह्यूगो कमरे में जाता है और ओल्गा दरवाज़ा खोलने जाती है।)

दृश्य-2

ओल्गा, चार्ल्स और फ्रांत्ज़

चार्ल्स : वो कहाँ है ?

ओल्गा : कौन ?

चार्ल्स : वही आदमी। हम जेल से ही पीछे लगे हैं। *(कुछ क्षण की चुप्पी)* वो यहाँ नहीं है ?

ओल्गा : नहीं, वो यहीं है।

चार्ल्स : कहाँ ?

ओल्गा : वहाँ, अन्दर। *(कमरे की ओर इशारा करती है।)*

चार्ल्स : ठीक है।

(चार्ल्स, फ्रांत्ज़ को अपने पीछे आने का इशारा करता है, अपने कोट की जेब में हाथ डालता है और एक कदम आगे बढ़ता है। ओल्गा उसकी राह रोक लेती है।)

ओल्गा : नहीं।

चार्ल्स : इसमें बहुत देर नहीं लगेगी, ओल्गा। अगर तुम चाहो तो सड़क पर थोड़ा घूम आओ। जब तुम वापस आओगी तो तुम्हें न तो कोई आदमी मिलेगा और न ही उसका कोई निशान। *(फ्रांत्ज की ओर इशारा करते हुए)* सफाई करने के लिए ये लड़का है।

ओल्गा : नहीं।

चार्ल्स : मुझे अपना काम करने दो, ओल्गा।

ओल्गा : तुम्हें लुईस ने भेजा है ?

चार्ल्स : हाँ।

ओल्गा : वो खुद कहाँ है ?

चार्ल्स : कार में।

ओल्गा : जाओ, उसे ले आओ। *(चार्ल्स हिचकिचाता है)*। मैं तुम्हें कह रही हूँ ना कि उसे लेकर आओ।

(चार्ल्स इशारा करता है और फ्रांत्ज़ चला जाता है। ओल्गा और चार्ल्स चुपचाप एक-दूसरे के सामने खड़े हैं। ओल्गा जाते हुए फ्रांत्ज़ पर से आँखें हटाए बिना टेबल पर पड़े तौलिए में लिपटे रिवाल्वर को उठा लेती है।)

दृश्य-3

ओल्गा, चार्ल्स, फ्रांत्ज़ और लुईस

लुईस : तुम्हें क्या हो गया है ? तुमने उन्हें उनका काम क्यों नहीं करने दिया ?

ओल्गा : तुम बहुत जल्दबाजी कर रहे हो।

लुईस : जल्दबाजी ?

ओल्गा : उन्हें वापस भेज दो।

लुईस : मेरा बाहर इन्तजार करो। जब मैं बुलाऊँ तभी आना। *(वे चले जाते हैं।)* हाँ, तो तुम्हें मुझसे क्या कहना है ? *(कुछ क्षण यूँ ही व्यतीत होते हैं।)*

ओल्गा : *(नर्मी से)* लुईस उसने हमारे लिए काम किया है।

लुईस : बचपना मत करो ओल्गा। वो खतरनाक आदमी है। उसकी ज़ुबान बन्द करनी ही पड़ेगी।

ओल्गा : वो कुछ नहीं बोलेगा।

लुईस : वो, वो तो सबसे ज्यादा बकवादी है।

ओल्गा : वो कुछ नहीं बोलेगा।

लुईस : अगर तुम कभी उसे उसके असली रूप में देख सको तो मुझे हैरानी होगी। तुम्हारा मन हमेशा उसके लिए नर्म था।

ओल्गा : और तुम्हारा मन हमेशा उसके प्रति कठोर। (कुछ क्षण) लुईस मैंने तुम्हें हमारी कमजोरियों पर चर्चा करने के लिए नहीं बुलाया। मैं तुमसे पार्टी के हित में बात कर रही हूँ। जर्मनों के यहाँ आने के बाद से हमारे बहुत से लोग मारे गए हैं। ये जाँचे बिना कि उसकी वापसी सम्भव है या नहीं, हम उसे नहीं मार सकते।

लुईस : उसकी वापसी सम्भव है ? वो एक अराजक, अनुशासनहीन लड़का है। एक बुद्धिजीवी, जो सिर्फ विचारों की दुनिया में जीता है। एक बुर्जुआ, जिसने जब तक मन हुआ काम किया और फिर बेवजह ही सब कुछ बीच में छोड़ दिया।

ओल्गो : ये वही आदमी है जिसने बीस साल की उम्र में होएडरर को उसके अंग़रकों के बीचों-बीच मारा था और एक राजनीतिक कत्ल को एक भावनात्मक कत्ल का रूप दे दिया था।

लुईस : क्या ये वाकई में एक राजनीतिक कत्ल था ? ये बात तो कभी भी साफ नहीं हुई।

ओल्गा : बिलकुल सही और इसीलिए अब इस बात को साफ होना चाहिए।

लुईस : इस किस्से से गन्ध आती है और मैं इससे कोई वास्ता नहीं रखना चाहता और वैसे भी मेरे पास उसे जाँचने का फालतू समय नहीं है।

ओल्गा : मेरे पास तो है। *(लुईस का चेहरा देखते हुए)* मुझे लगता है कि तुम इस मामले में बहुत ज़्यादा भावनात्मक हो रहे हो।

लुईस : ओल्गा, मुझे डर है कि तुम भी इस मामले में कुछ ज्यादा ही भावनात्मक हो रही हो।

ओल्गा : तुमने मुझे कभी भावनाओं के आगे झुकते देखा है ? मैं तुमसे उसे बिना शर्त जिन्दा छोड़ देने के लिए नहीं कर रही हूँ। मुझे उसकी जिन्दगी की रत्ती भर परवाह नहीं। मैं तो बस इतना कह रही हूँ कि उसे खत्म करने से पहले हमें ये जाँच लेना चाहिए कि क्या पार्टी में उसकी वापसी सम्भव है ?

लुईस : पार्टी अब उसे वापस नहीं ले सकती। अब ये सम्भव नहीं है। ये बात तुम भी अच्छी तरह से जानती हो।

ओल्गा : लोरों, जो कि मर चुका है और द्रेश्देन, जो लड़ाई में गया हुआ है, उनके सिवाय उसे कोई नहीं जानता। तुम्हें डर है कि कहीं वो मुँह न खोल दे। बुरी तरह घिर जाने पर भी वो मुँह नहीं खोलेगा। वो बुद्धिजीवी और अराजक है। हाँ है, लेकिन वो जिन्दगी से निराश भी है। अगर सही ढंग से इस्तेमाल किया जाए तो ऐसा आदमी हर तरह के काम अच्छी तरह से कर सकता है। ये बात वो पहले ही साबित कर चुका है।

लुईस : तो फिर ? तुम्हारा क्या प्रस्ताव है ?

ओल्गा : क्या बजा है ?

लुईस : नौ बज रहे हैं।

ओल्गा : बारह बजे वापस आना। तब तक मैं ये जान लूँगी कि

उसने होएडरर पर गोली क्यों चलाई और वो आज क्या है ? अगर मैं इस निष्कर्ष पर पहुँची कि वो हमारे साथ काम कर सकता है तो मैं तुम्हें दरवाज़ा खोले बिना ही बता दूँगी। तुम उसे शान्ति से सोने दोगे और कल सुबह उसे निर्देश दोगे।

लुईस : और अगर उसकी वापसी सम्भव नहीं हुई तो ?

ओल्गा : तो मैं तुम्हारे लिए दरवाजा खोल दूँगी।

लुईस : छोटी-सी बात के लिए इतना बड़ा खतरा क्यों उठाना ?

ओल्गा : इसमें भला क्या खतरा है ? घर के चारों तरफ तुम्हारे आदमी हैं ?

लुईस : चार हैं।

ओल्गा : उन्हें आधी रात तक वहीं तैनात रहने दो। *(लुईस अचल खड़ा रहता है)* लुईस, उसने हमारे लिए काम किया है। उसे एक मौका दिया ही जाना चाहिए।

लुईस : ठीक है। आधी रात को मिलते हैं।

(लुईस चला जाता है।)

दृश्य-4

ओल्गा, बाद में ह्यूगो

(ओल्गा कमरे के दरवाज़े की ओर जाती है और दरवाजा खोलती है। ह्यूगो बाहर आता है।)

ह्यूगो : ये तुम्हारी बहन है ?

ओल्गा : क्या ?

ह्यूगो : दीवार की दूसरी तस्वीर, ये तुम्हारी बहन की है। *(कुछ क्षण)* मेरी फोटो, तुमने उसे हटा दिया ? *(ओल्गा ज़बाब नहीं देती, वो उसे देखता है)* तुम्हारा चेहरा अज़ीब-सा हो रहा है। वो क्या चाहते थे ?

ओल्गा : वो लोग तुम्हें ही ढूँढ़ रहे थे।

ह्यूगो : ओह, तुमने उन्हें बता दिया कि मैं यहाँ हूँ ?

ओल्गा : हाँ।

ह्यूगो : अच्छा। *(वो बाहर जाने लगता है।)*

ओल्गा : चाँदनी रात है और घर के चारों तरफ कामरेड्स हैं।

ह्यूगो : ओह *(मेज पर बैठ जाता है।)* मुझे कुछ खाने को दो। *(ओल्गा तश्तरी, ब्रेड और सूखा मांस लेने जाती है। जब वो उसके सामने तश्तरी और खाने का सामान रख रही है तो वो कहता है।)*

ह्यूगो : तुम्हारे कमरे के बारे में मुझसे कोई गलती नहीं हुई। एक बार भी नहीं। सभी कुछ वैसा ही है जैसा मेरी यादों में था। *(कुछ क्षण)* सिर्फ जब मैं सज़ा काट रहा था तो मैं खुद से कहता था...ये सब एक याद है। असली कमरा वहाँ है। दीवार के उस पार। मैं भीतर घुसा और तुम्हारे कमरे को देखा। ये मेरी यादों से बहुत अलग नहीं था। जेल की कोठरी भी एक ख्वाब थी और होएडरर की आँखें भी एक ख्वाब थीं, जिस दिन मैंने उस पर गोली चलाई। तुम्हें लगता है कि मैं कभी इस ख्वाब से जागूँगा ? शायद तब जब तुम्हारे साथी अपने खिलौनों के साथ मुझपर हमला करेंगे।

ओल्गा : जब तक तुम यहाँ हो वो तुम्हें छुएँगे भी नहीं।

ह्यूगो : तो तुमने उन्हें इतने पर राजी कर लिया ? *(गिलास में शराब डालता है।)* कभी ना कभी बाहर तो मुझे जाना ही पड़ेगा।

ओल्गा : ठहरो ! तुम्हारे पास एक पूरी रात है। एक रात में बहुत कुछ हो सकता है।

ह्यूगो : तुम क्या होने की उम्मीद कर रही हो ?

ओल्गा : परिस्थितियाँ बदल सकती हैं।

ह्यूगो : जैसे कि...?

ओल्गा : जैसे कि तुम, मैं !

ह्यूरो : तुम ?

ओल्गा : ये तुम पर निर्भर करता है।

ह्यूगो : तुम्हें बदल दूँ।

(हँसता है, उसे देखता है और उठकर उसकी तरफ आता है। वो तेज़ी से पीछे हटती है।)

ओल्गा : इस तरह नहीं। जब तक मेरी मरज़ी न हो, इस तरह मुझे नहीं बदला जा सकता। *(कुछ क्षण ह्यूगो कन्धे उचकाता है। वापस जाकर बैठ जाता है। खाने लगता है।)* तो फिर ?

ओल्गा : तुम वापस हमारे साथ क्यों नहीं आ जाते ?

ह्यूगो : *(हँसने लगता है।)* ये बात पूछने के लिए तुमने बहुत अच्छा समय चुना है।

ओल्गा : पर क्या ये सम्भव है ? क्या ये सारा किस्सा एक गलतफहमी पर टिका हुआ था ? तुमने कभी अपने आप से ये सवाल नहीं किया कि जेल से छूटने के बाद तुम क्या करोगे ?

ह्यूगो : मैंने इस बारे में कभी सोचा ही नहीं।

ओल्गा : तुम किस बारे में सोचा करते थे ?

ह्यूगो : जो मैंने किया, उसके बारे में। मैं ये जानने-समझने की कोशिश किया करता था कि आखिर मैंने ऐसा किया क्यों ?

ओल्गा : क्या तुम जान चुके हो ? *(ह्यूगो कन्धे उचकाता है।)* होएडरर के साथ कैसे, क्या हुआ था ? क्या वो सचमुच जेसिका के आस-पास चक्कर काटा करता था ?

ह्यूगो : हाँ।

ओल्गा : तो फिर तुमने ये सब ईर्ष्या के कारण...

ह्यूगो : मालूम नहीं, मुझे ऐसा नहीं लगता।

ओल्गा : साफ-साफ बताओ।

ह्यूगो : क्या ?

ओल्गा : सभी कुछ, बिलकुल शुरू से।

ह्यूगो : बताना ज्यादा मुश्किल नहीं होगा। ये कहानी मुझे मुँहजबानी याद है। मैं जेल में रोज़ाना खुद को यही कहानी दोहरा-दोहरा कर सुनाया करता था। जहाँ तक इसके अर्थ का सवाल है, वो एक अलग बात है। सभी कहानियों की तरह ये भी एक मूर्खतापूर्ण कहानी है। जब इसे दूर से देखा जाए ये एक खास तरह की लगती है पर जब आदमी इसकी विवेचना करने लगता है तो ये उसकी आँखों

के सामने ही धुँआ बन जाती है। कोई घटना बड़ी तेजी से घटती है। अचानक आदमी के भीतर से निकलती है और पता नहीं चलता कि ऐसा किस कारण से हुआ—क्योंकि वो ऐसा करना चाहता था या कि इसलिए कि वो इसे अपने भीतर रोक नहीं सका। सच तो ये है कि मैंने गोली चलाई क्योंकि, क्योंकि...

ओल्गा : बिलकुल शुरू से शुरू करो।

ह्यूगो : शुरुआत तो तुम भी उतनी ही अच्छी तरह जानती हो जितना कि मैं। और फिर क्या इसकी कोई शुरुआत है भी ? कहानी मार्च '43 से शुरू की जा सकती है। जब लुईस ने मुझे बुला भेजा था या उससे एक साल पहले से जब मैं पार्टी में शामिल हुआ था या उससे भी पहले मेरे जन्म से ही। ठीक है, ये मान लेते हैं कि ये सब मार्च '43 से ही शुरू हुआ...

(जब वो बात कर रहा है तो मंच पर धीरे-धीरे अँधेरा हो जाता है।)

अंक-दो

दो साल पहले, ओल्गा के घर का दृश्य, वही साज-सज्जा, रात का समय, मंच के आखिरी हिस्सेवाले दरवाज़े से, बैठक की तरफ से कुछ आवाज़ों का शोर जो कभी बढ़ जाता है। कभी बिलकुल शान्त हो जाता है मानो कई व्यक्तियों में गहमागहमी हो रही हो।

दृश्य-1

ह्यूगो, ईवान

ह्यूगो टाईप कर रहा है, वह पिछले दृश्य की तुलना में बहुत अधिक युवा दिखता है। ईवान पूरे कमरे में चहलकदमी कर रहा है।

ईवान : मैंने कहा...

ह्यूगो : ऊँह ?

ईवान : तुम टाईप करना बन्द नहीं कर सकते ?

ह्यूगो : क्यों भला ?

ईवान : क्योंकि इससे मैं अधीर हो जाता हूँ।

ह्यूगो : तुम तो अधीर होनेवाले नहीं लग रहे।

ईवान : नहीं, लेकिन इस समय मुझे इससे परेशानी हो रही है। तुम मुझसे बात नहीं कर सकते ?

ह्यूगो : *(उत्साहित होकर)* मुझे भला और क्या चाहिए ! तुम्हारा नाम क्या है ?

ईवान : मेरा छद्म नाम ईवान है और तुम्हारा ?

ह्यूगो : रासकोलनिकोफ।

ईवान : *(हँसते हुए)* ये भी कोई नाम हुआ ?

ह्यूगो : पार्टी में यही मेरा नाम है।

ईवान : तुमने इसे कहाँ से खोदकर निकाला है ?

ह्यूगो : एक उपन्यास में एक आदमी का नाम है।

ईवान : वो करता क्या है ?

ह्यूगो : वो कत्ल करता है।

ईवान : और तुम ? तुमने कभी किसी का कत्ल किया है ?

ह्यूगो : नहीं। *(कुछ क्षण)* तुम्हें यहाँ किसने भेजा है ?

ईवान : लुईस ने।

ह्यूगो : और तुम्हें करना क्या है ?

लुईस : दस बजने का इंतज़ार।

ह्यूगो : और उसके बाद ?

(ईवान इस बात का इशारा करता है कि ह्यूगो को उससे सवाल नहीं करने चाहिए। बगल के कमरे से शोर, मानो कोई विवाद हो रहा हो।)

ईवान : ये लोग अन्दर कर क्या रहे हैं ?

(ह्यूगो ईवान के इशारे की नकल करता है। यह जताने के लिए कि उससे सवाल नहीं किया जाना चाहिए।)

ह्यूगो : देखो, परेशानीवाली बात ये है कि बातचीत बहुत आगे नहीं जा सकती। *(कुछ क्षण)*

ईवान : तुम लम्बे समय से पार्टी में हो ?

ह्यूगो : सन् बयालीस से एक साल हो गया। जब राजप्रतिनिधि ने रूस के खिलाफ जंग का ऐलान किया, उस समय से मैं पार्टी में हूँ। और तुम ?

ईवान : मुझे तो याद तक नहीं। मुझे तो लगता है कि मैं हमेशा से पार्टी में ही था। *(कुछ क्षण)* अखबार तुम्हीं छापते हो ?

ह्यूगो : मैं और बाकी लोग मिलकर।

ईवान : ये अकसर मेरे हाथ लगता है पर मैं इसे पढ़ता नहीं। इसमें तुम्हारी गलती नहीं, पर तुम्हारी खबरें बी.बी.सी. या रूसी रेडियो से आठ दिन बासी होती है।

ह्यूगो : और हमें खबरें कहाँ से मिलती हैं ? हम भी तुम्हारी ही तरह से उन्हें रेडियो पर सुनते हैं।

ईवान : मैं कोई शिकायत नहीं कर रहा। तुम अपना काम कर रहे

हो, तुम्हें कोई दोष नहीं दिया जा सकता। *(कुछ क्षण)* क्या समय हुआ है ?

ह्यूगो : दस बजने में पाँच मिनट हैं।

ईवान : ओफ। *(उबासी लेता है।)*

ह्यूगो : क्या हुआ ?

ईवान : कुछ नहीं।

ह्यूगो : तुम्हारी तबियत ठीक नहीं लगती।

ईवान : नहीं, ठीक है।

ह्यूगो : पर तुम ठीक-ठाक नहीं लग रहे हो।

ईवान : मैं कह रहा हूँ कि मैं ठीक-ठाक हूँ। मैं इससे पहले हमेशा ऐसा हो जाता हूँ।

ह्यूगो : किससे पहले ?

ईवान : किसी से नहीं। *(कुछ क्षण)* जब मैं अपनी साइकिल पर चढ़ूँगा तो सब ठीक हो जाएगा। *(कुछ क्षण)* मैं खुद को बहुत ढीला महसूस कर रहा हूँ। मैं मक्खी तक नहीं मार पाऊँगा।

(उबासी लेता है। ओल्गा प्रवेश द्वार के भीतर आती है।)

दृश्य-2

वही लोग, ओल्गा

वह दरवाज़े के पास एक सूटकेस रखती है।

ओल्गा : *(ईवान से)* ये रहा, तुम इसे अपनी साइकिल के कैरियर पर जमा सकते हो ?

ईवान : दिखाओ तो, हाँ, ठीक है।

ओल्गा : दस बज गए। तुम जा सकते हो। तुम्हें मार्ग अवरोधक और घर के बारे में बता दिया गया ?

ईवान : हाँ।

ओल्गा : भाग्य तुम्हारा साथ दे।

ईवान : दुर्भाग्य की बात मत करो। *(कुछ क्षण)* तुम मुझे चूमोगी ?

ओल्गा : बिलकुल।

(वो उसे दोनों गालों पर चूमती है। ईवान सूटकेस उठाने लगता है और जाते समय मजाकिया लहज़े में) फिर मिलेंगे। रासकोलनिकोफ।

ह्यूगो : *(मुस्कुराते हुए)* भाड़ में जाओ।

(ईवान चला जाता है।)

दृश्य-3

ह्यूगो, ओल्गा

ओल्गा : तुम्हें उसे वैसा नहीं कहना चाहिए था।

ह्यूगो : क्यों भला ?

ओल्गा : इस तरह की बातें नहीं कहनी चाहिए।

ह्यूगो : *(आश्चर्यचकित होकर)* ओल्गा, तुम अन्धविश्वासी हो ?

ओल्गा : *(नाराज होकर)* बिलकुल नहीं।

ह्यूगो : *(ध्यान से उसे देखता है।)* वो क्या करने जा रहा है ?

ओल्गा : तुम्हें यह जानने की जरूरत नहीं।

ह्यूगो : वो कोर्स्क का पुल उड़ाने जा रहा है ?

ओल्गा : क्यों चाहते हो कि मैं तुम्हें बताऊँ। कुछ गड़बड़ होने की स्थिति में जितनी कम जानकारी होगी उतना ही अच्छा रहेगा।

ह्यूगो : पर तुम्हें पता है कि वो क्या करने गया है ?

ओल्गा : *(कन्धे उचकाती है।)* ऊँह, मैं...

ह्यूगो : यकीनन तुम अपनी जबान बन्द रखोगी। तुम भी लुईस जैसी ही हो। तुम्हारे मुँह न खुलने पर भी वो तुम्हें मार सकते हैं। *(थोड़ी चुप्पी)* तुम्हें ऐसा क्यों लगता है कि मैं मुँह खोल दूँगा। बिना मेरी परीक्षा किए तुम मेरा यकीन कैसे कर पाओगी ?

ओल्गा : पार्टी शाम का स्कूल नहीं है। हम तुम्हारी परीक्षा लेने के लिए नहीं बैठे हैं। हमें तुम्हारी क्षमता के अनुसार तुमसे काम लेना है।

ह्यूगो : *(टाईप राइटर की तरफ इशारा करते हुए)* और मेरी क्षमता

बस इतनी ही है ?

ओल्गा : क्या तुम्हें रेल की पटरियाँ खोलना आता है ?

ह्यूगो : नहीं।

ओल्गा : तो फिर ? *(थोड़ी चुप्पी, ह्यूगो खुद को शीशे में देखा है।)* बहुत खूबसूरत लग रहे हो क्या ?

ह्यूगो : मैं देख रहा हूँ कि क्या मैं अपने पिता जैसा दिखता हूँ। *(कुछ क्षण)* अगर मेरी मूँछे होतीं तो कोई हम दोनों में फर्क नहीं कर पाता।

ओल्गा : *(कन्धे उचकाती है)* तो ?

ह्यूगो : मैं अपने पिता को पसन्द नहीं करता।

ओल्गा : पता है।

ह्यूगो : उन्होंने मुझसे कहा था, “अपनी जवानी में मैंने भी एक क्रान्तिकारी संगठन में काम किया था। मैं उनके अखबार में लेख लिखता था। मेरी ही तरह, एक दिन तुम भी इसे पीछे छोड़कर आगे बढ़ जाओगे...”

ओल्गा : तुम ये सब मुझे क्यों सुना रहे हो ?

ह्यूगो : ऐसे ही। जब भी मैं खुद को शीशे में देखता हूँ। मैं यही बात सोचता हूँ, बस यूँ ही।

ओल्गा : *(बैठकवाले कमरे के दरवाज़े की ओर इशारा करते हुए)* लुईस अन्दर है ?

ह्यूगो : हाँ।

ओल्गा : और होएडरर ?

ह्यूगो : मैं उसे जानता नहीं पर मुझे लगता है कि वो अन्दर है। वैसे वो है कौन ?

ओल्गा : लैंडस्टेग के विलय से पहले वो उसमें डिप्टी हुआ करता था और अब वो हमारी पार्टी का सचिव है। होएडरर उसका असली नाम नहीं है।

ह्यूगो : उसका असली नाम क्या है ?

ओल्गा : मैंने तुम्हें पहले ही कहा था कि तुम बहुत ज्यादा उत्सुकता दिखाते हो।

ह्यूगो : बहुत शोर आ रहा है। लगता है कि वो लोग लड़ रहे हैं।

ओल्गा : होएडरर ने एक प्रस्ताव पर मतदान के लिए कमेटी की

बैठक बुलाई है।

ह्यूगो : वो सब मुझे पता नहीं। मुझे सिर्फ इतना पता है कि लुईस प्रस्ताव के विरोध में है।

ओल्गा : प्रस्ताव क्या है ?

ह्यूगो : *(मुस्कुराते हुए)* अगर वो विरोध में है, तो मैं भी विरोध में हूँ। प्रस्ताव किस बारे में है, मुझे ये जानने की ज़रूरत नहीं। *(कुछ क्षण)* ओल्गा तुम्हें मेरी मदद करनी पड़ेगी।

ओल्गा : किस काम में ?

ह्यूगो : लुईस को इस बात के लिए मनाने में कि वो मुझे कोई सीधी कार्रवाई करने दे। जबकि मेरे साथी मारे जा रहे हैं। मैं सिर्फ लिख-लिखकर तंग आ चुका हूँ।

ओल्गा : तुम भी तो खतरे उठा रहे हो।

ह्यूगो : दोनों में बहुत फर्क है। *(कुछ क्षण)* ओल्गा, मुझे जीने की इच्छा नहीं।

ओल्गा : सच ? क्यों भला ?

ह्यूगो : क्योंकि जीना बहुत मुश्किल है।

ओल्गा : लेकिन तुम तो शादीशुदा हो ?

ह्यूगो : हुँह।

ओल्गा : तुम अपनी पत्नी से प्यार करते हो ?

ह्यूगो : हाँ यकीनन *(कुछ समय)* अगर ढंग से इस्तेमाल करना आता हो तो जो आदमी जीना नहीं चाहता, उससे फायदा उठाया जा सकता है, *(कुछ क्षण बैठकवाले कमरे से चिल्लाने की आवाज़ और शोर-शराबा आता है।)* अन्दर कुछ गड़बड़ हो रही है।

ओल्गा : *(चिन्तित होकर)* बहुत ज्यादा गड़बड़।

दृश्य-4

वही लोग, लुईस

कमरे का दरवाज़ा खुलता है। लुईस दो और लोगों के साथ बाहर निकलता है। दोनों लोग तेज़ी से प्रवेशद्वार

खोलकर निकल जाते हैं।

लुईस : बैठक खत्म हो गई।

ओल्गा : और होएडरर कहाँ है ?

लुईस : वो बोरिस और ल्यूंकास के साथ पिछले दरवाज़े से निकल गया।

ओल्गा : तब फिर ?

लुईस : *(बिना जवाब दिए कन्धे उचकाता है। कुछ समय बाद)* हरामी कहीं के।

ओल्गा : तुमने वोट डाली थी ?

लुईस : हाँ *(कुछ समय)* उसे बातचीत शुरू करने का अधिकार दिया गया है। ठोस प्रस्ताव बना लेने के बाद तो उसी की तूती बोलने लगेगी।

ओल्गा : अगली बैठक कब है ?

लुईस : दस दिनों में। हमारे पास अभी भी एक हफ्ते का समय है। *(ओल्गा ह्यूगो की ओर इशारा करती है।)* क्या ? ओह हाँ। तुम अभी तक यहीं हो ? *(वह उसे देखता है और बेध्यानी से दोबारा दोहराता है।)* तुम अभी तक यहीं हो ? *(ह्यूगो चलने का उपक्रम करता है।)* रुको, शायद मेरे पास तुम्हारे लायक काम है। *(ओल्गा से)* तुम इसे मुझ से बेहतर जानती हो ? ये कितना काबिल है ?

ओल्गा : वो कर लेगा।

लुईस : कहीं ये फुस्स तो नहीं हो जाएगा ?

ओल्गा : बिलकुल नहीं, ये तो...

लुईस : क्या ?

ओल्गा : कुछ नहीं, वो कर लेगा।

लुईस : अच्छा *(कुछ क्षण)* ईवान चला गया ?

ओल्गा : उसे गए पन्द्रह मिनट हो गए।

लुईस : हम बिलकुल करीब ही हैं। धमाका यहाँ तक सुनाई देगा। *(कुछ क्षण, ह्यूगो की तरफ आता है।)* लगता है तुम कुछ कर गुज़रना चाहते हो।

ह्यूगो : हाँ।

लुईस : क्यों भला ?

ह्यूगो : यूँ ही।

लुईस : बहुत अच्छे। सिर्फ तुम्हें ये नहीं मालूम कि तुम अपने हाथों का कैसे इस्तेमाल करो।

ह्यूगो : सच बताऊँ तो मुझे कुछ भी करना नहीं आता।

लुईस : तो फिर ?

ह्यूगो : पिछली शताब्दी के अन्त में रूस में कुछ ऐसे आदमी थे जो अपनी जेबों में बम रखकर किसी बड़े सामन्त के रास्ते में लेट जाते थे। बम फटता था। धमाके से सामन्त और लेटनेवाला दोनों उड़ जाते थे। मैं भी ऐसा कर सकता हूँ।

लुईस : ये लोग वाकई में बड़े अराजक थे। तुम भी ऐसे सपने देखते हो क्योंकि तुम भी ऐसे ही हो। एक अराजक बुद्धिजीवी। तुम्हें पचास साल की देर हो गई...आतंकवाद कभी का खत्म हो चुका है।

ह्यूगो : तो मैं बिलकुल नाकारा हूँ ?

लुईस : इस मामले में तो...हाँ हो।

ह्यूगो : ये बात यहीं खत्म करते हैं।

लुईस : रुको। *(कुछ क्षण)* शायद मैं तुम्हारे लायक कुछ काम ढूँढ़ सकता हूँ।

ह्यूगो : सचमुच का काम ?

लुईस : क्यों नहीं।

ह्यूगो : तुम सचमुच मेरा यकीन करोगे ?

लुईस : ये तुम पर निर्भर करता है।

ह्यूगो : लुईस, मैं कुछ भी करूँगा।

लुईस : देखते हैं। बैठ जाओ *(कुछ क्षण)* स्थिति कुछ ऐसी है एक तरफ राजप्रतिनिधि की फासिस्ट सरकार है जिसकी नीति केन्द्र की नीतियों के रास्ते पर चलती है। दूसरी ओर हमारी पार्टी है जो लोकतन्त्र, आज़ादी, वर्ग रहित समाज के लिए संघर्ष कर रही है। और दोनों के बीच है पेंटागन पार्टी, जो छुपे तौर पर उदारवादी बुजुर्आ और राष्ट्रवादी लोगों को इकट्ठा कर रही है। परस्पर विरोधी हितों वाले तीन समूह, आपस में घृणा करनेवाले लोगों के तीन समूह। *(कुछ क्षण)* होएडरर ने आज शाम की बैठक इसलिए बुलाई क्योंकि वो

चाहता है कि प्रोलेटेरियन पार्टी, फासिस्टों और पेंटागन पार्टी के साथ समझौता कर ले और युद्ध के बाद सत्ता में उनके साथ साझेदारी करे। तुम इस बारे में क्या सोचते हो ?

ह्यूगो : *(मुस्कराते हुए)* तुम मेरा मज़ाक उड़ा रहे हो ?

लुईस : तुम्हें ऐसा क्यों लगता है ?

ह्यूगो : क्योंकि ये निरा पागलपन है।

लुईस : फिर भी अभी-अभी हमने इसी बात पर तीन घंटे बहस की है।

ह्यूगो : *(स्तब्ध होकर)* पर ये तो ऐसा ही है जैसे तुम मुझसे कहो कि पार्टी ने ओल्गा को हम सबसे गद्दारी करके पुलिस का साथ देने पर शाबासी दी हो।

लुईस : अगर बहुमत इस साझेदारी के पक्ष में हो तो तुम क्या करोगे ?

ह्यूगो : तुम मुझसे ये बात गम्भीरतापूर्वक पूछ रहे हो ?

लुईस : हाँ।

ह्यूगो : जिस दिन मुझे पता लगा कि शोषण का क्या मतलब है मैंने अपने परिवार और दोस्तों को छोड़ दिया। किसी भी सूरत में मैं उनके साथ समझौते को स्वीकार नहीं करूँगा।

लुईस : लेकिन अगर परिस्थितियाँ ऐसी ही बन पड़े तो?

ह्यूगो : तो मैं एक पिस्तौल लूँगा और शाही महल के किसी सिपाही को उड़ा दूँगा या ऐसा मौका भी न मिलने पर किसी मिलीशियावाले को। और फिर मैं ये देखने के लिए लाश के पास खड़ा होकर इन्तजार करूँगा कि आगे मेरे साथ क्या होता है ? लेकिन ये सब बेकार का किस्सा है।

लुईस : समिति ने विपक्ष में तीन और पक्ष में चार मतों से होएडरर के प्रस्ताव को स्वीकार कर लिया है। अगले सप्ताह होएडरर राजप्रतिनिधि के दूतों से मिलेगा।

ह्यूगो : क्या वो बिक गया है ?

लुईस : पता नहीं, और न ही मुझे उसकी परवाह है। असल में वह एक गद्दार है, इतनी बात ही मेरे लिए काफी है।

ह्यूगो : पर लुईस, आखिरकार मैं नहीं जानता, ये...बड़ी बेसिर पैर की बात है। राजप्रतिनिधि हमसे घृणा करता है। वो हमारे

पीछे पड़ा है। वो जर्मनों के साथ मिलकर रूस के खिलाफ लड़ रहा है। उसने हमारे लोगों को गोलियों से भुनवा दिया। वो भला कैसे...

लुईस : राजप्रतिनिधि को केन्द्र की जीत का यकीन नहीं, वो अपनी खाल बचाना चाहता है। अगर मित्र सेनाएँ जीतती हैं तो वो कह देना चाहता है कि वो दोहरा खेल खेल रहा था।

ह्यूगो : मगर साथी लोग...?

लुईस : पी.ए.सी. के सब लोग जिनका मैं प्रतिनिधित्व करता हूँ, होएडरर के खिलाफ हैं। और समस्या ये है कि प्रोलेटेरियन पार्टी, पी.ए.सी. और सोशल डेमोक्रेट्स पार्टी को मिलाकर बनी है। सोशल डेमोक्रेट्स पार्टी के लोगों ने होएडरर के पक्ष में मत दिया और वो लोग बहुमत में हैं।

ह्यूगो : उन्होंने ऐसा क्यों किया ?

लुईस : क्योंकि उन्हें होएडरर से डर लगता है।

ह्यूगो : क्या हम लोग उनका साथ छोड़ नहीं सकते ?

लुईस : पार्टी से अलगाव ? असम्भव, *(कुछ क्षण)* तुम सचमुच हमारे साथ हो छुटके ?

ह्यूगो : जो कुछ भी मैं जानता हूँ वो मुझे ओल्गा और तुमने सिखाया है और इस सबके लिए मैं तुम लोगों का आभारी हूँ। मेरे लिए तुम्हीं लोग पार्टी हो।

लुईस : *(ओल्गा से)* क्या ये दिल से कह रहा है ?

ओल्गा : हाँ।

लुईस : ठीक है। तुम परिस्थिति को अच्छी तरह समझते हो। न तो हम अलग हो सकते हैं और न ही समिति को अपने पक्ष में कर सकते हैं। लेकिन ये सब सिर्फ होएडरर की कारस्तानी है। होएडरर न होता तो बाकी सब हमारी जेब में होते। *(कुछ क्षण)* पिछले बुधवार होएडरर ने पार्टी में एक सचिव देने को कहा है। कोई शादीशुदा छात्र।

ह्यूगो : शादीशुदा क्यों ?

लुईस : पता नहीं। तुम शादीशुदा हो ?

ह्यूगो : हाँ।

लुईस : फिर, तुम राजी हो ?

(दोनों कुछ क्षण एक-दूसरे को देखते हैं।)

ह्यूगो : *(विश्वास के साथ)* हाँ।

लुईस : बहुत अच्छा। तुम कल सुबह अपनी बीवी के साथ निकल पड़ो। यहाँ से बीस किलोमीटर दूर, वो गाँव के एक घर में रहता है जो उसके दोस्त ने उसे उधार दे रखा है। वह तीन मुस्टंडों के साथ रहता है जो मुश्किल पड़ने पर उसकी सहायता के लिए हैं। तुम सिर्फ उस पर नज़र रखना। तुम्हारे वहाँ पहुँचने के समय से ही हम तुमसे सम्पर्क रखेंगे। वह राजप्रतिनिधि के लोगों से नहीं मिल पाए या किसी भी हालत में वो उनसे दोबारा नहीं मिल पाए। तुम मेरी बात समझ गए ?

ह्यूगो : हाँ।

लुईस : जिस रात हम तुमसे कहेंगे, तुम तीन कामरेड्स के लिए दरवाजा खोल दोगे जो अपना काम पूरा करेंगे। सड़क पर एक गाड़ी होगी और जब वो अपना काम कर रहे होंगे, तुम अपनी बीवी के साथ भाग निकलोगे।

ह्यूगो : ओह ! लुईस !

लुईस : क्या हुआ ?

ह्यूगो : तो ये बात है ? बस इतना ही ? तुमने मुझे सिर्फ इसी काबिल समझा ?

लुईस : तुम राजी नहीं हो ?

ह्यूगो : नहीं, बिलकुल नहीं। मैं तुम्हारे हथियार के तौर पर काम नहीं करना चाहता। हम लोगों के भी कुछ तौर-तरीके हैं। एक अराजक बुद्धिजीवी कोई भी ऐसा-वैसा काम करना स्वीकार नहीं करता।

ओल्गा : ह्यूगो।

ह्यूगो : मेरा प्रस्ताव यह है कि सम्पर्क बनाए रखने या जासूसी की कोई जरूरत नहीं। मैं ये काम खुद करूँगा।

लुईस : तुम ?

ह्यूगो : हाँ मैं।

लुईस : शौकिया काम करनेवाले के लिए ये एक बहुत भारी काम है।

ह्यूगो : तुम्हारे तीन कातिलों का होएडरर के अंगरक्षकों से आमना-सामना हो सकता है। उनके मारे जाने का भी डर है। जबकि मैं, अगर मैं उसका सचिव हूँ और उसका विश्वास जीत लेता हूँ तो मैं रोजाना कई घंटों तक उसके साथ रहूँगा।

लुईस : *(हिचकिचाता है।)* मैं ऐसा नहीं...

ओल्गा : लुईस।

लुईस : हूँ ?

ओल्गा : *(नरमाई से)* उसका यकीन करो, वो एक छोटा लड़का है जो मौके की तलाश में है। वो इस काम को अंजाम दे लेगा।

लुईस : तुम उसकी जिम्मेदारी लेती हो ?

ओल्गा : पूरी तरह से।

लुईस : ठीक है। तब सुनो...

(दूर कहीं एक हलका-सा धमाका)

ओल्गा : वो सफल हो गया।

लुईस : बत्ती बुझा दो। ह्यूगो खिड़की खोल दो।

(वह बत्ती बुझा देता है। और खिड़की खोल देता है, मंच पर पीछे की तरफ आग की लाल रोशनी की चमक।)

ओल्गा : वहाँ आग लग गई है। बहुत बड़ी आग। उसने कर दिखाया।

(सभी लोग खिड़की पर आ जाते हैं।)

ह्यूगो : वो सफल हो गया। सप्ताह समाप्त होने से पहले ही ऐसी ही एक रात आप दोनों यहाँ होगे और खबरों का इन्तजार करोगे। और आप चिन्ता करोगे और मेरे बारे में बातें करोगे और उस समय मैं आप लोगों के लिए महत्त्वपूर्ण होऊँगा। आप सोचेंगे कि वो कर क्या रहा है ? फिर एक टेलीफोन कॉल या शायद दरवाज़े पर दस्तक होगी और आप जैसे अब मुस्कुरा रहे हो, वैसे ही मुस्कुराओगे और कहोगे, 'उसने कर दिखाया।'

(पर्दा)

तीसरा अंक

एक पवेलियन, एक पलंग, अल्मारियाँ, हत्थेदार और बिना हत्थे की कुर्सियाँ। कुर्सियों पर जनाना कपड़े, पलंग पर खुले हुए सूटकेस।

दृश्य-1

जेसिका, ह्यूगो

जेसिका सामान निकाल रही है। खिड़की की तरफ जाकर बाहर झाँकती है और वापस आकर कोने में रखे एक बन्द सूटकेस की तरफ जाती है। (जिस पर ह्यू.बा. लिखा है।) इसे मंच के आगे की ओर खींचती है। दुबारा खिड़की की तरफ नज़र मारने जाती है। एक अलमारी में लटके हुए एक मर्दाने कोट की जेबें टटोलती है। एक चाबी निकलती है, सूटकेस खोलती है, जल्दी-जल्दी इसकी तलाशी लेती है। खिड़की में झाँकती है। वापस आती है। दोबारा ढूँढ़ती है। कुछ चीज़ पा जाती है। जिसे दर्शकों की तरफ पीठ करके देखती है। खिड़की पर फिर से एक नज़र। वह काँप जाती है। जल्दी से सूटकेस बन्द करती है। चाबी कोट में डालती है और हाथ में पकड़ी चीजों को गद्दे के नीचे छुपा देती है।

(ह्यूगो अन्दर आता है।)

ह्यूगो : उसका काम खत्म होने को ही नहीं आ रहा था। तुम बहुत बोर हो रही होगी न ?

जेसिका : भयानक रूप से।

ह्यूगो : फिर तुमने क्या किया ?

जेसिका : मैं सो गई थी।

ह्यूगो : सोते समय बोरियत नहीं होती।

जेसिका : मैंने सपना देखा कि मुझे बोरियत हो रही है। इससे मैं जाग गई और मैंने सूटकेस खोल दिए। तुम्हारे हिसाब से कैसे, कहाँ, क्या जमाया जाए ?

(पलंग और कुर्सियों पर अस्त-व्यस्त पड़े कपड़ों की तरफ इशारा करती है।)

ह्यूगो : मुझे नहीं मालूम। ये थोड़े समय के लिए ही है।

जेसिका : *(दृढ़ता से)* पक्की बात है।

ह्यूगो : बहुत अच्छा।

जेसिका : वो कैसा दिखता है ?

ह्यूगो : कौन ?

जेसिका : होएडरर।

ह्यूगो : होएडरर ? सभी लोगों जैसा ही।

जेसिका : उसकी उम्र क्या है ?

ह्यूगो : प्रौढ़ है।

जेसिका : कितना प्रौढ़ ?

ह्यूगो : बीस से साठ के बीच।

जेसिका : लम्बा है या ठिगना ?

ह्यूगो : औसत कद का।

जेसिका : कोई खास निशानी ?

ह्यूगो : कटने का एक बड़ा निशान। नकली बाल और एक पत्थर की आँख।

जेसिका : कितना भयानक !

ह्यूगो : झूठ है, उसकी कोई खास निशानी नहीं है।

जेसिका : तुम बहुत चतुराई कर रहे हो पर तुम मुझसे उसका हुलिया बयान नहीं कर पाओगे।

ह्यूगो : बिलकुल कर पाऊँगा।

जेसिका : नहीं, तुम नहीं कर पाओगे।

ह्यूगो : कर पाऊँगा।

जेसिका : नहीं, अच्छा बताओ तो उसकी आँखों का रंग क्या है ?

ह्यूगो : स्लेटी।

जेसिका : मेरे लल्लू राम, तुम्हें लगता है कि सभी की आँखें स्लेटी होती हैं ? नीली, भूरी, हरी और काली आँखें भी होती हैं। हल्की गुलाबी रंग की आँखें भी होती हैं। भला मेरी आँखों का रंग क्या है ? *(हाथ से अपनी आँखें ढक लेती है)* देखो मत।

ह्यूगो : ये दो रेशमी वितान दो ऐन्डुलेशियन* बगीचे, दो चाँदी-सी चमकीली मछलियाँ हैं...

जेसिका : मैं उनका रंग पूछ रही हूँ।

ह्यूगो : नीला।

जेसिका : तुमने देख लिया।

ह्यूगो : नहीं, पर तुमने सुबह ही मुझे बताया था।

जेसिका : पगले कहीं के *(उसके पास आती है।)* ह्यूगो ध्यान से सोचो, क्या वो मूँछें रखता है ?

ह्यूगो : नहीं। *(कुछ क्षण, दृढ़ता से)* मुझे यकीन है कि नहीं रखता।

जेसिका : *(उदासी से)* मैं तुम्हारा यकीन करना चाहती हूँ।

ह्यूगो : *(सोचता है फिर विश्वास से बोलता है।)* उसके पास एक चित्तीदार टाई है।

जेसिका : चित्तीदार ?

ह्यूगो : चित्तीदार।

जेसिका : हुँह ?

ह्यूगो : देखो इस तरह की *(बो-टाई बाँधने का अभिनय करता है।)*

जेसिका : तुम धोखा खा गए। उसने तुम्हें फँसा लिया। जब वो तुमसे बात कर रहा था तुम पूरे समय उसकी टाई देखते रहे। ह्यूगो तुम उससे डर गए।

ह्यूगो : बिलकुल नहीं।

जेसिका : तुम उससे डर गए।

ह्यूगो : वो डरावना नहीं है।

जेसिका : तो तुम उसकी टाई क्यों देखते रहे ?

ह्यूगो : ताकि वो मुझसे ना डर जाए।

जेसिका : बढ़िया है। मैं उसे देखूँगी और जब तुम जानना चाहोगे कि वो कैसा दिखता है, तुम्हें सिर्फ मुझसे पूछ लेना काफी

* ऐन्डुलेशिया—स्पेन का एक इलाका।

होगा। उसने तुम्हें क्या कहा ?

ह्यूगो : मैंने उसे कहा कि मेरे पिता तोस्क की खदानों के उपाध्यक्ष थे और मैंने पार्टी में शामिल होने के लिए उन्हें छोड़ दिया।

जेसिका : उसने तुम्हें क्या जवाब दिया ?

ह्यूगो : कि बढ़िया है।

जेसिका : और उसके बाद ?

ह्यूगो : मैंने उससे छुपाया नहीं कि मैंने डॉक्टरेट की हुई है। मैंने उसे अच्छी तरह समझा दिया कि मैं बुद्धिजीवी नहीं हूँ। कि मुझे प्रतिलिपियाँ बनाने का काम करने में कोई शर्म नहीं है। और कि मैं आज्ञा पालन और कठोर-अनुशासन में विश्वास रखता हूँ।

जेसिका : और उसने क्या जवाब दिया ?

ह्यूगो : कि बढ़िया है।

जेसिका : और इस बात में तुम्हें दो घंटे लग गए ?

ह्यूगो : बीच-बीच में हम चुप भी रहे थे।

जेसिका : तुम उन लोगों में से हो जो हमेशा बताते हैं कि उन्होंने दूसरों से क्या कहा, पर कभी ये नहीं बताते कि दूसरों ने उनसे क्या कहा।

ह्यूगो : क्योंकि मुझे लगता है कि तुम्हें दूसरों से ज्यादा मुझ में रुचि होगी।

जेसिका : यकीनन मेरे लल्लूराम, तुम्हें मैं जानती हूँ पर दूसरे को नहीं।

ह्यूगो : तुम होएडरर को जानना चाहती हो ?

जेसिका : मैं पूरी दुनिया को, सभी को जानना चाहती हूँ।

ह्यूगो : हुँम! वो बहुत ही साधारण है।

जेसिका : तुम्हें कैसे पता चला जबकि तुमने उसे देखा ही नहीं ?

ह्यूगो : चित्तीदार टाई पहननेवाला आदमी साधारण ही होना चाहिए।

जेसिका : ग्रीक साम्राज्ञियाँ, बर्बर सेनापतियों के साथ सोती थीं।

ह्यूगो : ग्रीक में साम्राज्ञियाँ नहीं होती थीं।

जेसिका : बेयजान्स में होती थी।

ह्यूगो : बेयजान्स में बर्बर सेनापति भी होते थे और ग्रीक साम्राज्ञियाँ

भी। पर ये कहीं नहीं उल्लेख है कि वो साथ-साथ क्या करते थे।

जेसिका : और भला वो क्या कर सकते थे। *(एक हल्की चुप्पी)* उसने तुमसे पूछा कि मैं कैसी दिखती हूँ।

ह्यूगो : नहीं।

जेसिका : वैसे भी तुम उसे ज़वाब नहीं दे पाए होते। तुम इस बारे में जानते ही नहीं। उसने मेरे बारे में कुछ और नहीं पूछा ?

ह्यूगो : कुछ नहीं।

जेसिका : बड़ा बदतमीज़ है।

ह्यूगो : देखा, वैसे भी उसमें रुचि लेने के लिए बहुत देर हो चुकी है।

जेसिका : भला क्यों ?

ह्यूगो : तुम अपना मुँह बन्द रखोगी ?

जेसिका : दोनों हाथों से कस कर।

ह्यूगो : वो मरनेवाला है।

जेसिका : वो बीमार है क्या ?

ह्यूगो : नहीं, पर सभी राजनीतिक हस्तियों की तरह ही उसका भी कत्ल होनेवाला है।

जेसिका : अह ! *(कुछ क्षण)* और तुम मेरे लल्लूराम, क्या तुम एक राजनीतिक हस्ती हो ?

ह्यूगो : बिलकुल हूँ।

जेसिका : और भला एक राजनीतिक हस्ती की विधवा को क्या करना चाहिए ?

ह्यूगो : वो अपने पति की पार्टी में शामिल हो जाए और उसके बचे हुए काम को पूरा करे।

जेसिका : महोदय, मैं तो तुम्हारी कब्र पर आत्महत्या करना पसन्द करूँगी।

ह्यूगो : आजकल तो ऐसा सिर्फ मालाबार में होता है।

जेसिका : तब सुनो कि मैं क्या करूँगी : मैं तुम्हारे कातिलों से एक-एक कर मिलने जाऊँगी। उन्हें अपने प्यार में फँसाऊँगी और जब उन्हें यकीन हो जाएगा कि वो मेरी दुखी और गर्वीली निर्बल आत्मा को सांत्वना दे सकते हैं,

मैं उनके सीने में खंजर उतार दूँगी।

ह्यूगो : तुम्हें किस में ज्यादा मज़ा आएगा ? उन्हें अपनी ओर आकर्षित करने में या उन्हें कत्ल करने में ?

जेसिका : तुम गधे हो और घटिया भी।

ह्यूगो : मुझे लगा कि तुम घटिया आदमियों को पसन्द करती हो। *(जेसिका जबाव नहीं देती)* खेल रही हो या नहीं ?

जेसिका : खेल खत्म। मुझे मेरे सूटकेस खाली करने दो।

ह्यूगो : जाओ करो।

जेसिका : सिर्फ तुम्हारा वाला बचा है, ज़रा चाबी दो।

ह्यूगो : मैंने तुम्हें दे दी थी।

(जेसिका उस सूटकेस की तरफ इशारा करते हुए जो उसने इस अंक के शुरू में खोला था)

जेसिका : इस वाले की नहीं दी।

ह्यूगो : ये वाला मैं खुद खोलूँगा।

जेसिका : ये तुम्हारा काम नहीं है प्यारे।

ह्यूगो : ये तुम्हारा काम कब से हो गया ? तुम सद्गृहिणी होने का खेल खेलना चाहती हो ?

जेसिका : तुम क्रान्तिकारी होने का खेल अच्छा खेलते हो ?

ह्यूगो : क्रान्तिकारी को सद्गृहिणियों की ज़रूरत नहीं होती वे उनका सिर काट देते हैं।

जेसिका : वो ओल्गा जैसी काले बालोंवाली मादा भेड़ियों को कहीं अधिक पसन्द करते हैं।

ह्यूगो : तुम्हें ईर्ष्या हो रही है ?

जेसिका : मेरी ऐसी इच्छा तो है। मैंने ये खेल कभी खेला नहीं। अब खेलें ?

ह्यूगो : अगर तुम चाहो तो।

जेसिका : ठीक है। तो मुझे इस सूटकेस की चाबी दो।

ह्यूगो : कभी नहीं।

जेसिका : इस सूटकेस में क्या है ?

ह्यूगो : एक शर्मसार कर देनेवाला राज।

जेसिका : कौन-सा राज ?

ह्यूगो : कि मैं अपने बाप का बेटा नहीं।

जेसिका : ऐसा होता तो तुम्हें कितनी खुशी होती, मेरे लल्लूराम। पर ये सम्भव नहीं। तुम्हारी शक्ल उससे बहुत मिलती है।

ह्यूगो : ये सच नहीं है जेसिका। तुम्हें लगता है कि मेरी शक्ल उनसे बहुत मिलती है ?

जेसिका : खेल अभी चल रहा है या नहीं ?

ह्यूगो : खेल जारी है।

जेसिका : तब सूटकेस खोलो।

ह्यूगो : मैंने इसे न खोलने की कसम खाई है।

जेसिका : इसमें शायद उस मादा भेड़िए के पत्र ठुँसे हैं। या शायद फोटो ? खोलो!

ह्यूगो : नहीं।

जेसिका : खोलो! खोलो!

ह्यूगो : नहीं! नहीं!

जेसिका : तुम खेल रहे हो ?

ह्यूगो : हाँ !

जेसिका : तब प्यारे, मैं नहीं खेल रही। सूटकेस खोलो।

ह्यूगो : मैं इसे खोलने नहीं जा रहा।

जेसिका : मुझे कोई फर्क नहीं पड़ता। मैं जानती हूँ कि इसमें क्या है।

ह्यूगो : भला क्या है ?

जेसिका : इसमें...इसमें...*(हाथ गद्दे के नीचे ले जाती है, दोनों हाथ पीठ के पीछे ले जाती है और फोटो दिखाती है।)*

ह्यूगो : जेसिका।

जेसिका : *(विजयी भाव से।)* मुझे तुम्हारे नीले कोट की जेब में चाबी मिल गई थी। मैं जानती हूँ कि वो तुम्हारी रखैल है, तुम्हारी राजकुमारी, तुम्हारी साम्राज्ञी है। ये मेरी तस्वीर नहीं है, ये उस मादा भेड़िए की तस्वीर भी नहीं है। ये तुम्हारी खुद की तस्वीर है। तुम्हारी खुद की बारह तस्वीरें सूटकेस में थीं।

ह्यूगो : मुझे ये फोटो लौटा दो।

जेसिका : तुम्हारे स्वप्निल छुटपन की तस्वीरें। तीन साल, छः साल, आठ, दस, बारह और सोलह साल। जब तुम्हारे पिता ने

तुम्हें घर से भगा दिया तब तुम ये तस्वीरें साथ ले आए। ये हर जगह तुम्हारा पीछा करती हैं। तुम्हें ये कितनी ज्यादा पसन्द हैं !

ह्यूगो : जेसिका, मैं अब खेल नहीं रहा।

जेसिका : छः साल की उम्र में तुम सख्त कॉलर पहने हुए हो, इससे तुम्हारी चूजे जैसे नाजुक गर्दन छिल जाती होगी और उसके बाद एक बड़ी बो-टाई के साथ मखमल की पोशाक। कितने प्यारे, छोटे-से समझदार बच्चे। मैडम, समझदार बच्चे ही सबसे खतरनाक क्रान्तिकारी बनते हैं। वो कुछ कहते नहीं, मेज के नीचे नहीं छुपते, एक बार में एक कैंडी से ज्यादा नहीं खाते, लेकिन बाद में वो समाज को बहुत महँगे पड़ते हैं। इस तरह के बच्चों से जरा सावधान रहिए।

(ह्यूगो जो अब तक हार मानता-सा दिख रहा था, अचानक उस पर झपट पड़ता है।)

ह्यूगो : मुझे ये लौटा दो चुड़ैल, मुझे ये लौटा दो।

जेसिका : छोड़ो मुझे *(वो उसे पलंग पर गिरा देता है।)* तुम हम दोनों को मरवा दोगे।

ह्यूगो : तस्वीरें लौटा दो।

जेसिका : मैं कह रही हूँ, रिवाल्वर चल जाएगा।

(ह्यूगो उठता है। वो उसे रिवाल्वर दिखाती है जो उसने पीठ के पीछे पकड़ा हुआ था) सूटकेस में ये भी था।

ह्यूगो : इधर दो।

(वो उससे रिवाल्वर ले लेता है। अपनी पोशाक (नीले कोट) में से ढूँढ़कर चाबी निकालता है। आकर सूटकेस खोलता है। फोटो लेकर, रिवाल्वर के साथ सूटकेस में रख देता है।) (कुछ क्षण)

जेसिका : ये रिवाल्वर कैसा है ?

ह्यूगो : मैं इसे हमेशा साथ रखता हूँ।

जेसिका : झूठ है। यहाँ आने से पहले ये तुम्हारे पास नहीं था और तुम्हारे पास ये सूटकेस भी नहीं था। तुमने दोनों चीज़ें एक साथ खरीदी हैं। तुमने अपने पास ये रिवाल्वर क्यों रखा है ?

ह्यूगो : तुम जानना चाहती हो ?

जेसिका : हाँ, लेकिन सच-सच बताना। तुम्हें मुझे अपनी जिन्दगी से बाहर रखने का अधिकार नहीं है।

ह्यूगो : किसी से कहोगी तो नहीं ?

जेसिका : किसी से नहीं।

ह्यूगो : ये होएडरर को कत्ल करने के लिए है।

जेसिका : तुम कितने नीरस हो, ह्यूगो, मैं तुम्हें बता रही हूँ कि मैं खेल नहीं रही हूँ।

ह्यूगो : हा-हा, क्या मैं खेल रहा हूँ ? क्या मैं गम्भीर हूँ ? ये एक रहस्य है...। जेसिका, तुम एक कातिल की बीवी बनोगी।

जेसिका : लेकिन मेरे लल्लूराम, तुम ऐसा कभी नहीं कर पाओगे। तुम चाहो तो तुम्हारी जगह मैं उसे मार दूँ ? मैं उसके सामने समर्पण करने जाऊँगी और फिर मैं...

ह्यूगो : धन्यवाद, और फिर तुम्हारा निशाना चूक जाएगा। मैं ये काम खुद करूँगा।

जेसिका : लेकिन तुम उसे मारना क्यों चाहते हो ? एक ऐसा आदमी जिसे तुम जानते तक नहीं !

ह्यूगो : ताकि मेरी बीवी मुझे गम्भीरता से ले। तुम मुझे गम्भीरता से लोगी ?

जेसिका : मैं, मैं तुम्हारी प्रशंसा करूँगी। तुम्हें छुपाऊँगी, तुम्हें खिलाऊँगी और तुम्हारे छुपने की जगह मैं तुम्हारा दिल बहलाऊँगी और जब पड़ोसी हमारा भेद खोल देंगे तो मैं पुलिसवालों के रोकने पर भी तुम्हारे गले में पड़ जाऊँगी। और मैं ये चिल्लाते हुए कि मैं तुम्हें प्यार करती हूँ, तुम्हें अपनी बाँहों में ले लूँगी।

ह्यूगो : मुझसे अभी कह दो।

जेसिका : क्या भला ?

ह्यूगो : कि तुम मुझे प्यार करती हो।

जेसिका : मैं तुम्हें प्यार करती हूँ।

ह्यूगो : सचमुच कहो।

जेसिका : मैं तुमसे प्यार करती हूँ।

ह्यूगो : तुम सचमुच नहीं कह रही।

जेसिका : तुम्हें क्या हो गया है ? तुम खेल रहे हो ?

ह्यूगो : नहीं, मैं नहीं खेल रहा हूँ।

जेसिका : तुम मुझसे ऐसा क्यों पूछ रहे हो ? तुम्हारी ऐसी आदत तो नहीं ?

ह्यूगो : पता नहीं। मेरी ऐसा सोचने की इच्छा हो रही है कि तुम मुझसे प्यार करती हो। ये मेरा हक भी है। चलो अब कहो। अच्छी तरह से कहो।

जेसिका : मैं तुमसे प्यार करती हूँ। मैं तुमसे प्यार करती हूँ। नहीं, मैं तुमसे प्यार करती हूँ। ओह, भाड़ में जाओ। तुम भला इसे कैसे कहोगे ?

ह्यूगो : मैं तुमसे प्यार करता हूँ।

जेसिका : देखा, तुम इसे मुझसे बेहतर ढंग से नहीं कह सकते।

ह्यूगो : जेसिका, जो बात मैंने तुमसे अभी कही, तुम उसका यकीन नहीं करती ?

जेसिका : इसका कि, तुम मुझे प्यार करते हो ?

ह्यूगो : इसका कि मैं होएडरर को मारनेवाला हूँ।

जेसिका : जाहिर है कि मुझे इसका यकीन है।

ह्यूगो : थोड़ी कोशिश करो। जेसिका थोड़ा गम्भीर हो जाओ।

जेसिका : मुझे गम्भीर क्यों होना चाहिए ?

ह्यूगो : क्योंकि हर समय खेल नहीं खेला जा सकता।

जेसिका : मुझे गम्भीरता पसन्द नहीं, लेकिन हम इसका इन्तजाम कर लेंगे। मैं गम्भीर होने का खेल खेलती हूँ।

ह्यूगो : मेरी आँखों में देखो। बिना हँसे। सुनो, होएडरर वाली बात सच है। मुझे पार्टी ने इसी काम के लिए भेजा है।

जेसिका : मुझे इसमें कोई शक नहीं। तुमने मुझे पहले क्यों नहीं बताया ?

ह्यूगो : शायद तुम मेरे साथ आने से इनकार कर देती।

जेसिका : क्यों भला ? ये मर्दों का काम है। इससे मेरा क्या वास्ता ?

ह्यूगो : तुम्हें पता है ये बड़ा अजीब काम है ? वो आदमी बड़ा सख्तजान दिखता है।

जेसिका : ठीक है। हम उसे क्लोरोफार्म सुँघा देंगे और उसे तोप के मुँह से बाँध देंगे।

ह्यूगो : जेसिका, मैं गम्भीर हूँ।

जेसिका : मैं भी।

ह्यूगो : तुम गम्भीर होने का खेल खेल रही हो, तुम मुझे ये बात बता चुकी हो।

जेसिका : नहीं, खेल तुम रहे हो।

ह्यूगो : तुम्हारे हाथ जोड़ता हूँ, मेरा यकीन करो।

जेसिका : मैं तुम्हारा यकीन करूँगी और तुम ये यकीन करो कि मैं गम्भीर हूँ।

ह्यूगो : अच्छा ठीक है। मैं तुम्हारा यकीन करता हूँ।

जेसिका : नहीं, तुम मेरा यकीन करने का खेल खेल रहे हो।

ह्यूगो : हम इस खेल से कभी बाहर नहीं निकल पाएँगे। *(दरवाज़े पर दस्तक होती है।)* आ जाओ।

(जेसिका सूटकेस के सामने खड़ी हो जाती है। दर्शकों की तरफ पीठ, जबकि ह्यूगो दरवाज़ा खोलने जाता है।)

दृश्य-2

स्लिक, जॉर्ज, ह्यूगो, जेसिका

(स्लिक और जॉर्ज मुस्कुराते हुए अन्दर आते हैं। छोटी मशीनगन और कमरपेटी में रिवाल्वर। चुप्पी।)

जार्जेस : हम लोग हैं।

ह्यूगो : कहिए।

जॉर्ज : हम देखने आए है कि कहीं आपको मदद की ज़रूरत तो नहीं।

ह्यूगो : क्या करने में मदद की ज़रूरत ?

स्लिक : सामान इत्यादि खोलने, जमाने में।

जेसिका : आपकी बड़ी मेहरबानी पर हमें किसी की ज़रूरत नहीं।

जॉर्ज : *(फर्नीचर पर पड़े जनाना कपड़ों की तरफ इशारा करते हुए)* इन सब की तह बनानी पड़ेगी।

स्लिक : अगर हम चारों लग जाएँ तो ये काम जल्दी हो जाएगा।

जेसिका : आपको यकीन है ?

स्लिक : *(कुर्सी की पीठ पर पड़ा पेटीकोट उठाता है और सीधा रखते*

हुए पकड़ता है।) इसे बीच में से मोड़ देना चाहिए, है ना ? और फिर इसके किनारे मोड़ने चाहिए ?

जेसिका : अच्छा ? मुझे लगता है कि आपकी विशेषज्ञता ताकत के काम में होनी चाहिए।

जॉर्ज : छुओ मत स्लिक, इससे तुम्हारे मन में वैसे विचार उठेंगे। उसे माफ कर दीजिए मैडम, हमने छः महीने से किसी औरत की शक्ल तक नहीं देखी है।

स्लिक : हम ये तक भूल गए हैं कि वो कैसी होती हैं।

(दोनों उसे (जेसिका को) देखते हैं।)

जेसिका : अब फिर से याद आ रहा है ?

जॉर्ज : धीरे-धीरे।

जेसिका : गाँव में औरतें नहीं हैं क्या ?

स्लिक : हैं तो, पर हम बाहर नहीं निकलते।

जॉर्ज : पुराना सचिव हर रात को दीवार फाँद जाता था। आखिरकार, एक सुबह तालाब में, उसका शव तैरता मिला ? फिर बुढऊ ने तय किया कि अगला सचिव शादीशुदा होगा ताकि वो घर में ही सन्तुष्ट रहे।

जेसिका : बड़ी रहमदिली से विचार किया।

स्लिक : सिर्फ हमारी सन्तुष्टि की बात ही उसके दिमाग में नहीं आती।

जेसिका : अरे ! क्यों भला ?

जॉर्ज : वो कहता है कि वो चाहता है हम हिंसक, जंगली जानवर ही बने रहें।

ह्यूगो : ये होएडरर के अंगरक्षक हैं।

जेसिका : मुझे अन्दाजा हो गया था।

स्लिक : *(अपनी मशीनगन की तरह इशारा करते हुए)* इसकी वजह से ?

जेसिका : इसकी वजह से भी।

जॉर्ज : हम पेशेवर अंगरक्षक नहीं हैं। मैं नलसाज हूँ। क्योंकि पार्टी का आदेश है इसलिए हम ये छोटा-सा अतिरिक्त काम भी कर रहे हैं।

स्लिक : आपको हमसे डर नहीं लगता ?

जेसिका : नहीं तो, बल्कि मैं चाहूँगी कि आप *(मशीनगन और रिवाल्वरों की ओर इशारा करते हुए)* अपने साजो-सामान से मुक्त हो जाएँ। इन्हें कोने में रख दें।

जॉर्ज : असम्भव।

स्लिक : ऐसा करने की इजाजत नहीं है।

जेसिका : आप सोते समय तो इन्हें अलग करते ही होंगे ?

जॉर्ज : नहीं मैडम।

जेसिका : नहीं ?

स्लिक : नहीं।

ह्यूगो : ये लोग बड़े कायदे-कानूनवाले हैं। जब मैं होएडरर के पास आया तो ये लोग मुझे अपनी मशीनगन की नलियों से धकेल रहे थे।

जॉर्ज : *(हँसते हुए)* हम तो ऐसे ही हैं।

स्लिक : *(हँसते हुए)* अगर इसने कोई गलती की होती तो आप विधवा हो गई होतीं।

(सभी लोग हँसते हैं।)

जेसिका : तो तुम्हारे मालिक को इतना ज्यादा डर लगता है ?

स्लिक : उसे डर नहीं लगता पर वो खामख्वाह ही मरना भी नहीं चाहता।

जेसिका : उसें कोई क्यों मारेगा ?

स्लिक : क्यों, मुझे नहीं मालूम। पर कुछ लोग उसे मारना चाहते हैं। ये बात हमें अच्छी तरह पता है। करीब पन्द्रह दिन पहले उसके साथी उसे सावधान करने आए थे।

जेसिका : कितनी रोचक बात है !

स्लिक : बस अधिक सावधान रहना पड़ेगा। धीरे-धीरे आपको आदत हो जाएगी। कोई बहुत बड़ी बात नहीं *(स्लिक के ये बात कहने के दौरान जॉर्ज नकली असावधानी दिखाते हुए कमरे का चक्कर लगाता है। वो खुली अलमारी की तरफ जाता है और उसमें से ह्यूगो की पोशाक निकालता है।)*

जॉर्ज : अरे स्लिक ! ये साहब तो बड़े रंगीन मिज़ाज लगते हैं।

स्लिक : ये उसके काम का हिस्सा है। जब तुम बोलते हो और वो

लिखता है, उस समय सचिव नज़रों के सामने रहता है। वो तुम्हें अच्छा लगना चाहिए वर्ना विचारों का सिलसिला टूट जाता है।

(जॉर्ज झाड़ने का दिखावा करते हुए पोशाक को टटोलकर देखता है।)

जॉर्ज : अलमारियों की तरफ जरा ध्यान दीजिएगा, इनकी दीवारें गन्दी हैं।

(वो पोशाक वापस अलमारी में रखने जाता है फिर वापस स्लिक के पास आ जाता है। जेसिका और ह्यूगो एक-दूसरे को देखते हैं।)

जेसिका : *(मन-ही-मन कुछ निर्णय लेते हुए)* अरे आप खड़े हैं बैठिए ना।

स्लिक : नहीं, नहीं धन्यवाद।

जॉर्ज : ऐसे ही ठीक है।

जेसिका : हमारे पास आपको पिलाने को कुछ नहीं है।

स्लिक : हम ड्यूटी पर रहते हुए किसी भी तरह पी नहीं सकते।

जेसिका : आप लोग ड्यूटी पर हैं ?

जॉर्ज : हम लोग हमेशा ड्यूटी पर रहते हैं।

ह्यूगो : अच्छा ?

स्लिक : सच बताऊँ तो इस पवित्र व्यवसाय को करने के लिए बिलकुल सन्त बनना पड़ता है।

ह्यूगो : मैंने अभी तक ड्यूटी शुरू नहीं की है। मैं अपने घर पर अपनी बीवी के साथ हूँ। चलो जेसिका, हम लोग बैठ जाते हैं।

(दोनों बैठते हैं।)

स्लिक : *(खिड़की की तरफ जाता है।)* अच्छा दृश्य है।

जॉर्ज : इनका घर खूबसूरत है।

स्लिक : और शान्त भी।

जॉर्ज : तुमने देखा कि पलंग कितना बड़ा है। इस पर तीन लोग आराम से सो सकते हैं।

स्लिक : बल्कि चार लोग, नए शादीशुदा लोग चिपककर सोते हैं।

जॉर्ज : जगह की कितनी बर्बादी, जबकि कुछ लोगों को जमीन पर भी सोना पड़ता है।

स्लिक : चुप रहो, वर्ना आज रात मुझे इसी का सपना आएगा।

जेसिका : तुम्हारे पास पलंग नहीं है ?

स्लिक : *(जीवन्तता से)* जॉर्ज।

जॉर्ज : *(हँसते हुए)* हाँ।

स्लिक : वो पूछ रही हैं कि क्या हमारे पास पलंग हैं ?

जॉर्ज : *(स्लिक की ओर इशारा करते हुए)* वो ऑफिस के कालीन पर सोता है। और मैं गलियारे में बुढ़ऊ के कमरे के सामने।

जेसिका : ये बहुत मुश्किल है ?

जॉर्ज : आपके पति के लिए मुश्किल होगा क्योंकि वो बहुत नाजुक दिखता है। हम लोग तो इसी हिसाब से बने हैं। परेशानी सिर्फ ये है कि हमारे पास हमारा कोई कमरा नहीं है। बागीचा सुरक्षित नहीं है इसलिए हम दिन हॉल में बिताते हैं।

(वो झुककर पलंग के नीचे झाँकता है।)

ह्यूगो : तुम वहाँ क्या देख रहे हो ?

जॉर्ज : कई बार वहाँ चूहे होते हैं।

(उठ जाता है।)

ह्यूगो : वहाँ है तो नहीं ?

जॉर्ज : नहीं।

ह्यूगो : बेहतर है।

(कुछ समय)

जेसिका : और तुमने अपने मालिक को बिलकुल अकेला छोड़ दिया ? क्या तुम्हें डर नहीं है कि तुम्हारे बहुत देर तक अनुपस्थित रहने से उन पर कोई परेशानी आ सकती है ?

स्लिक : लियोन नीचे रुक गया है। *(टेलीफोन की तरफ इशारा करते हुए)* और फिर कोई समस्या होने पर वो हमें कभी भी बुला सकता है।

(कुछ समय, ह्यूगो उठता है, वह व्यग्रता से पीला पड़ जाता है। जेसिका भी उठती है।)

ह्यूगो : ये कितने भले लोग हैं, है ना ?

जेसिका : बहुत ही बढ़िया लोग हैं।

ह्यूगो : तुमने देखा कि वो कितने लम्बे तगड़े हैं।

जेसिका : अलमारियों जैसे। तुम्हारी तीनों की तिकड़ी बहुत जमेगी। मेरे पति कातिलों को बहुत पसन्द करते हैं। उसने भी कातिल बनना पसन्द किया होता !

स्लिक : वो उस काम के लिए नहीं बना है। वो सचिव बनने के लिए ही बना है।

ह्यूगो : हमारी अच्छी पटेगी। मैं दिमाग का काम करूँगा, जेसिका आँखों का और तुम लोग मांसपेशियों का। इनकी मांसपेशियों को छूकर देखो, जेसिका *(कटा है।)* लोहे की है। छूकर देखो।

जेसिका : पर शायद श्री जॉर्ज की ऐसी इच्छा नहीं है।

जॉर्ज : *(अकड़ा हुआ)* मुझे कोई फर्क नहीं पड़ता।

ह्यूगो : देखा ! वो खुश है, छूकर देखो जेसिका, छूकर महसूस करो *(जेसिका छूती है।)* लोहे की है ना ?

जेसिका : इस्पात की।

ह्यूगो : हम तीनों एक-दूसरे को तुम कहेंगे ?

स्लिक : अगर तुम ऐसा चाहते हो तो ठीक है, छुटके।

जेसिका : आप लोग कितने भले हैं कि आप हमसे मिलने आए।

स्लिक : इससे हमें खुशी हुई, नहीं जॉर्ज ?

जॉर्ज : आपकी खुशी से हम भी खुश हैं।

जेसिका : इससे आपको हॉल में बतियाने के लिए विषय मिल जाएगा।

स्लिक : यकीनन, और फिर रात को हम कहेंगे, 'उन्हें ठंड नहीं लगेगी, उसकी छोटी-सी, सुन्दर-सी बीवी उसकी बाँहों में है।'

जॉर्ज : इससे हमारा साहस बँधेगा।

(ह्यूगो दरवाज़े की तरफ जाता है और उसे खोलता है।)

जब भी इच्छा हो, आ जाना, इसे अपना ही घर समझना।

(स्लिक शान्तिपूर्वक जाकर दरवाज़ा बन्द कर देता है।)

स्लिक : हम चले जाएँगे। हम तुरन्त चले जाएँगे पर एक

औपचारिकता शेष है।

ह्यूगो : कौन-सी औपचारिकता शेष है ?

स्लिक : कमरे की तलाशी।

ह्यूगो : नहीं।

जॉर्ज : नहीं ?

ह्यूगो : तुम लोग किसी भी चीज़ की तलाशी नहीं लोगे।

स्लिक : परेशान होने की ज़रूरत नहीं है, छुटके, हमें ऐसे आदेश मिले हैं।

ह्यूगो : किसके आदेश ?

स्लिक : होएडरर के।

ह्यूगो : होएडरर ने तुम्हें मेरे कमरे की तलाशी लेने का हुक्म दिया है ?

जॉर्ज : देखो प्यारे, पागलपन मत करो। मैंने तुम्हें बताया था ना कि हमें सावधान किया गया है कि इन्हीं दिनों हमला होगा। तब तुम्हें लगता है कि बिना तुम्हारी जेबों को टटोले बिना तुम्हें भीतर आने दिया जाएगा। हो सकता है कि तुम अपने ज़िस्म पर ग्रेनेड बाँधे या कोई और हथियार लगाए घूम रहे हो। हालाँकि मेरे विचार से तुममें कबूतर मारने की भी क्षमता नहीं है।

ह्यूगो : मैं तुमसे पूछ रहा हूँ कि क्या होएडरर ने तुमको विशेषतौर पर मेरे सामान की तलाशी की ज़िम्मेदारी सौंपी है ?

जॉर्ज : विशेषतौर पर।

स्लिक : विशेषतौर पर।

स्लिक : *(जॉर्ज से)* बिना तालाशी दिए यहाँ कोई नहीं आ सकता। यही नियम है, बस।

ह्यूगो : और तुम लोग मेरी तलाशी नहीं लोगे। ये एक अपवाद होगा, बस।

जॉर्ज : तुम पार्टी के नहीं हो क्या ?

ह्यूगो : बिलकुल हूँ।

जॉर्ज : तब तुम्हें वहाँ पर क्या सिखाया गया है ? तुम जानते नहीं कि आदेश क्या होता है ?

ह्यूगो : उतनी ही अच्छी तरह जानता हूँ जिनता कि तुम लोग।

स्लिक : और तुम ये जानते नहीं कि जब तुम्हें आदेश दिया जाता है तो उसका सम्मान करना होता है ?

ह्यूगो : जानता हूँ ?

स्लिक : तो फिर ?

ह्यूगो : मैं आदेशों की इज्जत करता हूँ लेकिन मेरा अपना भी स्वाभिमान है और मैं पागलपन से भरे आदेशों का पालन नहीं करता जो कि जान-बूझकर मेरा मज़ाक उड़ाने के लिए दिए गए हों।

स्लिक : तुमने सुना जार्ज कि वो क्या कह रहा है। क्या तुम्हारे पास स्वाभिमान है ?

जॉर्ज : लगता तो नहीं। पर पता चल जाएगा और तुम स्लिक ?

स्लिक : पागल हो क्या ? अगर तुम कम-से-कम सचिव के पद पर नहीं हो तो तुम्हें स्वाभिमान रखने का कोई हक नहीं है।

ह्यूगो : मूर्खो। मैं पार्टी में इसलिए शामिल हुआ हूँ कि एक दिन हर आदमी को भले ही वो सचिव हो या नहीं, सभी को ये हक मिले।

जॉर्ज : इसे चुप कराओ स्लिक, नहीं तो मैं रो पड़ँगा। हम लोग, मेरे प्यारे, पार्टी में इसलिए शामिल हुए हैं कि हम भुखमरी से तंग आ चुके थे।

स्लिक : और इसलिए कि एक दिन हमारी तरह के सभी लड़कों का पेट भर सकेगा।

जॉर्ज : अरे स्लिक, बहुत बकवास हो गई। शुरुआत के लिए इसे खोलते हैं।

ह्यूगो : तुम उसे हाथ तक नहीं लगाओगे।

स्लिक : नहीं, मेरे प्यारे ! और भला तुम मुझे रोकने के लिए क्या करोगे ?

ह्यूगो : मैं एक रोडरोलर से हाथापाई करने की कोशिश नहीं करूँगा पर अगर तुमने इसे हाथ भी लगाया तो हम लोग आज शाम को ही ये घर छोड़ जाएँगे और फिर होएडरर अपने लिए कोई और सचिव ढूँढ़ लेगा।

जॉर्ज : अरे ! तुमने तो मुझे डरा दिया। तुम्हारे जैसा सचिव तो मैं रोज़ एक बना देता हूँ।

ह्यूगो : ठीक है। तलाशी लो, अगर तुम्हें डर नहीं है तो तलाशी ले लो।

(जॉर्ज अपना सिर खुजाता है। जेसिका जो पूरे प्रकरण में शान्त दिख रही थी, उनकी तरफ आती है।)

जेसिका : होएडरर को फोन क्यों नहीं कर लिया जाए ?

स्लिक : होएडरर को ?

जेसिका : वो आपकी सुलह करवा देगा।

(जॉर्ज और स्लिक एक-दूसरे से नज़रों में परामर्श करते हैं।)

जॉर्ज : ऐसा किया तो जा सकता है। *(वो कोने की तरफ जाता है। चोंगा उठाता है। नम्बर मिलाता है)* हैलो, लियोन ? जाकर बुढ़ऊ को बतला दो कि छुटका अपनी तलाशी नहीं लेने दे रहा। क्या ? अरे, बहुत उछल-कूद कर रहा है, यार। *(स्लिक की तरफ वापस आते हुए)* वो बुढ़ऊ से मिलने गया है।

स्लिक : ठीक है। मैं तुम्हें ये बता दूँ जॉर्ज कि मैं होएडरर को बहुत पसन्द करता हूँ पर अगर उसने इस अमीरज़ादे को अपवाद के रूप में छूट दी, जबकि हम डाकिए तक की तलाशी लेते हैं, तो मैं उसे अपना इस्तीफा सौंप दूँगा।

जॉर्ज : मैं सहमत हूँ। या तो हम तलाशी लेंगे या संगठन छोड़ देंगे।

स्लिक : क्योंकि सम्भव है कि मैं खुद की इज्जत न करूँ पर दूसरों की तरह मेरा भी अहं है।

ह्यूगो : ऐसा सम्भव है दोस्तो, पर अगर होएडरर खुद तलाशी के आदेश देगा, मैं उसके पाँच मिनट के अन्दर-अन्दर ये घर छोड़ दूँगा।

जॉर्ज : स्लिक !

स्लिक : हूँ ?

जॉर्ज : तुम्हें नहीं लगता कि महाशय कुछ ज्यादा ही कुलीन तौर-तरीके वाले हैं ?

ह्यूगो : जेसिका !

जेसिका : हूँ ?

ह्यूगो : तुम्हें नहीं लगता कि ये महाशय कुछ ज्यादा ही पुलिसिया

तौर-तरीके वाले हैं।

स्लिक : *(उसकी ओर जाता है और उसके कन्धे पर हाथ रखता है।)* जरा ध्यान से छुटके, क्योंकि अगर हम पुलिसिया तौर-तरीके वाले हैं तो हम उन्हीं जैसे हाथ भी चला सकते हैं।

(होएडरर अन्दर आता है।)

दृश्य-3

होएडरर : मुझे क्यों परेशान किया गया ?

स्लिक : *(एक कदम पीछे हटता है !)* ये तलाशी नहीं देना चाहता।

होएडरर : नहीं ?

ह्यूगो : अगर आप उन्हें मेरी तलाशी लेने की इजाजत देते हैं तो मैं चला। बस !

होएडरर : अच्छा !

जॉर्ज : और अगर तुम हमें रोकोगे तो हम चले जाएँगे।

होएडरर : बैठ जाओ *(धमककर बैठ जाता है)* वैसे ह्यूगो तुम मुझे तुम कह सकते हो, यहाँ सभी सबको तुम ही कहते हैं।

(वो एक पेटीकोट और लम्बे मोज़ों का एक जोड़ा कुर्सी की पीठ से उठाता है और उन्हें पलंग पर डालने का उपक्रम करता है।)

जेसिका : माफ कीजिए ! *(जेसिका उन्हें उसके हाथ से ले लेती है और उनकी गुड़मुड़ी बनाकर अपनी जगह से बिना हिले उन्हें पलंग पर फेंक देती है।)*

होएडरर : तुम्हारा नाम क्या है ?

जेसिका : आप औरतों को भी तुम कहते हैं ?

होएडरर : हाँ।

जेसिका : चलेगा, मेरा नाम जेसिका है।

(होएडरर उन्हें टकटकी बाँधकर देखते हुए।)

होएडरर : मुझे लगता था कि तुम बदसूरत होगी।

जेसिका : मुझे खेद है।

होएडरर : *(अभी भी उसे ही देखते हुए)* हाँ ! ये खेद की बात है।

जेसिका : क्या मैं सिर मुँडवा लूँ ?

होएडरर : *(उससे नज़रे हटाए बिना)* नहीं। *(उससे थोड़ा दूर हटता है।)* ये लोग तुम्हारी वजह से ही हाथापाई पर उतारू थे ?

जेसिका : अभी तक तो ऐसा नहीं।

होएडरर : भगवान करे कि कभी ऐसा न हो *(आरामकुर्सी पर बैठ जाता है।)* तलाशी का कोई महत्त्व नहीं।

स्लिक : हम लोग...

होएडरर : जरा भी महत्त्व नहीं। हम इस बारे में बाद में बात करेंगे। *(स्लिक से)* क्या हुआ था ? तुम लोग उसकी किस बात की भर्त्सना कर रहे थे ? वो बहुत अच्छे कपड़े पहने हुए है ? वो किताबी शब्द बोलता है ?

स्लिक : खाल का सवाल है।

होएडरर : यहाँ ये सब नहीं चलेगा। खालों को हम लोग कबाड़खाने में छोड़ आते हैं। *(वो उन्हें देखता है)* मेरे बच्चो ! तुम लोगों ने बुरी शुरुआत की है। *(ह्यूगो से)* तुम गुस्ताखी कर रहे हो क्योंकि तुम सबसे कमज़ोर हो। *(स्लिक और जॉर्ज से)* तुम लोगों का मिजाज सुबह से बिगड़ा हुआ था और तुमने अपनी भड़ास उस पर निकाली। कल तुम उसके साथ कोई और शरारत करोगे और अगले हफ्ते जब मुझे पत्र लिखवाने की जरूरत होगी तब तुम आकर मुझे बताओगे कि उसे तालाब में से निकाला गया है।

ह्यूगो : अगर मेरा बस चलेगा तो ऐसा नहीं होगा।

होएडरर : तुम किसी चीज़ को नहीं रोक सकते। छुई-मुई मत बनो, मेरे प्यारे छोटू। बस बात वहाँ तक नहीं पहुँचनी चाहिए। चार आदमी जो साथ-साथ रहते हैं या तो एक-दूसरे को मार डालते हैं या एक-दूसरे को पसन्द करते हैं। भले बनो और एक-दूसरे से अच्छी तरह पेश आओ।

जॉर्ज : *(गरिमापूर्वक ढंग से)* आदमी का अपनी भावनाओं पर जोर नहीं चलता है।

होएडरर : *(बात पर जोर डालते हुए)* चलता है। बिलकुल चलता है। जब हम एक ही पार्टी के लिए काम कर रहे हों और हमारा

वास्ता समान पार्टी के लोगों से होता है।

जॉर्ज : वह उसी पार्टी से सम्बन्धित नहीं है।

होएडरर : तुम हमारे में से नहीं हो ?

ह्यूगो : बिलकुल हूँ।

होएडरर : तो फिर ?

स्लिक : शायद वो उसी पार्टी से है। लेकिन वो पार्टी में हमारे जैसे कारणों से शामिल नहीं हुआ है।

होएडरर : पार्टी में हमेशा एक जैसे कारणों से ही शामिल हुआ जाता है ?

स्लिक : माफ करना इसके लिए वो कारण गरीब लोगों को इज्जत के बारे में सिखाना था जो उन्हें खुद को देनी चाहिए।

होएडरर : हूँ ?

जॉर्ज : इसने यही कहा था।

ह्यूगो : और तुम लोग, तुम सिर्फ अपना पेट भरने के लिए पार्टी में शामिल हुए। तुम लोगों ने ये कहा था।

होएडरर : अच्छा ? तुम सब लोग इससे सहमत हो।

स्लिक : क्या ?

होएडरर : स्लिक तुमने मुझे बताया नहीं था कि तुम्हें भूख से डर लगता है ? *(वो स्लिक की तरफ मुड़ता है और जवाब का इन्तजार करता है जो कभी नहीं आता)* और कि इससे तुम्हें गुस्सा आता है क्योंकि तुम किसी और चीज़ के बारे में नहीं सोच पाते थे ? कि एक बीस साल के लड़के की जिन्दगी में हर समय पेट भरने की चिन्ता करने के अलावा भी कुछ होना चाहिए ?

स्लिक : तुम्हें उसके सामने ये बात करने की ज़रूरत नहीं थी।

होएडरर : तुमने मुझसे कहा नहीं था ?

स्लिक : इससे क्या साबित होता है ?

होएडरर : इससे ये साबित होता है कि तुम्हें पेट भरने के अलावा भी कुछ चाहिए था। वो इसे आत्मसम्मान कहता है। तुम्हें उसे ऐसा कहने देना चाहिए। आदमी अपनी इच्छानुसार शब्दों का चयन कर सकता है।

स्लिक : ये सम्मान का प्रश्न नहीं था। जब इसे सम्मान कहा जाता

है तो मुझे कष्ट होता है। वो उन शब्दों का इस्तेमाल करता है, जो वो अपने सिर में से खोज कर निकालता है। वो अपने सिर से सोचता है।

ह्यूगो : तो तुम्हारे हिसाब से मुझे किस चीज़ से सोचना चाहिए ?

स्लिक : जब सिर उड़ा दिया जाता है, श्रीमान अक्लमन्द तो सिर से नहीं सोचा जाता। सच है कि मैं चाहता था कि ये सब बन्द हो। भगवान कसम, मैं ऐसा ही चाहता था। एक क्षण के लिए मैं खुद के अलावा किसी और चीज़ में रुचि ले सकूँ, सिर्फ एक क्षण। पर ये चीज आत्मसम्मान नहीं थी। तुमने कभी भूख नहीं झेली और हमें आदर्शों की शिक्षा देने आए हो। उस घूमन्तू, उपदेशक औरतों की तरह जो मेरे घर आकर मेरी मदहोश माँ से कहती थी कि उसमें आत्मसम्मान नहीं है।

ह्यूगो : ये गलत बात है।

जॉर्ज : तुमने भूख देखी है ? मुझे लगता है कि इसकी बजाय तुम्हें भोजन से पहले भूख बढ़ाने के लिए व्यायाम करने की ज़रूरत पड़ती होगी।

ह्यूगो : इस बार तो पहलवान तुम सही हो। मैं नहीं जानता कि भूख क्या होती है ? काश कि तुमने मुझे बचपन में दिए जानेवाले टॉनिक देखे होते। मैं अपने खाने में से आधा छोड़ दिया करता था। कितनी बर्बादी। तब वो मेरा मुँह खोलकर कहते थे—एक चम्मच पापा के नाम पर, एक माँ के नाम पर, एक आन्ना आन्टी के नाम पर और चम्मच मेरे हलक में गहराई तक ठूँस दी जाती थी। और मैं बड़ा हो गया पर मोटा नहीं हुआ। और तब मुझे बूचड़खाने से ताज़ा खून पिलाया जाता था क्योंकि मेरा चेहरा पीला पड़ा रहता था। तब से आज तक मैंने मांस छुआ तक नहीं। मेरे पिता कहते थे 'इसे भूख ही नहीं लगती' हर शाम वही बात, मुझे आज भी याद है। 'खाओ ह्यूगो, खाओ, तुम बीमार पड़ जाओगे' मुझे कॉड मछली के जिगर का तेल पिलाया जाता था। यह अय्याशी की हद थी। भूख लगने की दवाई जबकि सड़कों पर कितने ही लोग खुद को

थोड़े-से खाने के लिए बेच डालने को तैयार थे। मैं अपनी खिड़की से उन्हें, उनकी तख्तियों के साथ देखता था। 'हमें रोटी दो' और मैं खाने की मेज़ पर बैठता था। 'खाओ, ह्यूगो खाओ।' एक चम्मच बेरोजगार चौकीदार के नाम पर, एक कचरे के डिब्बे में खाने के टुकड़े बीनती बुढ़िया के नाम पर, एक चम्मच उस नलसाज के परिवार के लिए जिसकी टाँग टूट गई थी। मैंने घर छोड़ दिया। मैं पार्टी में शामिल हो गया। ये सब, सिर्फ वही पुराना राग सुनने के लिए ? "तुमने कभी भूख नहीं देखी, ह्यूगो, तुम किस पचड़े में पड़ रहे हो ? तुम्हें भला इसकी क्या समझ ? तुम तो कभी भूखे रहे ही नहीं। ठीक बात है। मैं कभी भूखा नहीं रहा, कभी नहीं, कभी नहीं, कभी नहीं। तुम शायद मुझे ये बता सको कि मैं क्या करूँ जिससे तुम लोग मेरी भर्त्सना करना बन्द कर दो ? *(कुछ क्षण।)*

होएडरर : सुना तुमने ? ठीक है, उसे बताओ, उसे बताओ कि उसे क्या करना चाहिए ? स्लिक तुम उससे क्या चाहते हो ? वो अपना हाथ काट डाले ? कि वो अपनी आँख फोड़ डाले ? या कि वो अपनी बीवी तुम्हें दे दे ? उसे तुमसे माफी पाने के लिए क्या कीमत चुकानी पड़ेगी ?

स्लिक : उसने मेरा कुछ नहीं बिगाड़ा कि मैं उसे माफ करूँ।

होएडरर : बिल्कुल बिगाड़ा है। वो पार्टी में शामिल हुआ, जबकि वो ऐसा करने के लिए मज़बूर नहीं था।

जॉर्ज : हम उसकी भर्त्सना नहीं कर रहे। बात इतनी-सी है कि हमारे बीच ज़मीन-आसमान का फर्क है। वो शौकिया तौर पर पार्टी में शामिल हुआ है क्योंकि उसे ये अच्छा लगा। सिर्फ उसकी विचारधारा के संकेत के तौर पर, जबकि हमारे पास कोई और चारा नहीं था।

होएडरर : और वो, उसके पास कोई और चारा था ? दूसरों की भूख झेलना भी कोई आसान काम नहीं है।

जॉर्ज : बहुत से ऐसे लोग हैं जो बखूबी से ऐसा कर लेते हैं।

होएडरर : ये वो लोग होते हैं जिनके पास विचार शक्ति नहीं है। इस छुटके का दुर्भाग्य यही है कि इसके पास ये कुछ ज्यादा ही है।

स्लिक : ठीक है। हम उसे कोई कष्ट नहीं पहुँचाना चाहते। हम उसे पसन्द नहीं करते। बस इतनी-सी बात है। फिर भी हमें अधिकार है कि...

होएडरर : कौन-सा अधिकार ? तुम लोगों के पास कोई अधिकार नहीं है। कोई नहीं। 'हम उसे पसन्द नहीं करते।' जाकर शीशे में अपनी शक्ल देखो। और तब अगर साहस हो तो मेरे पास भावनात्मक नाजुकमिजाजी करने आना। किसी का काम ही उसकी कीमत होती है। और ध्यान दो कि मैं तुम्हें तुम्हारे काम से न नापूँ। हरामियो पिछले कुछ समय से तुम बहुत गुस्ताख हो गए हो।

ह्यूगो : *(चीखते हुए।)* मेरी तरफदारी मत कीजिए। आपसे मेरी तरफदारी करने को किसने कहा, देखिए—कुछ भी करने का कोई फायदा नहीं है। मुझे आदत पड़ चुकी है। जब मैंने उन्हें भीतर आते देखा मैं तुरन्त उनकी मुस्कान को पहचान गया। मेरा यकीन कीजिए। उनकी मुस्कान अच्छी नहीं थी। ये लोग मुझसे मेरे पिता, मेरे दादा और मेरे परिवार के सब लोग जिन्होंने उनकी भूख की कीमत पर पेट भरकर खाना खाया, ये उन सबका बदला मुझसे चुकाने आए थे। मैं इन्हें अच्छी तरह जानता हूँ। ये लोग मुझे कभी स्वीकार नहीं करेंगे। मुझे इस मुस्कान के साथ देखनेवाले इन जैसे हजारों, लाखों लोग हैं। मैंने संघर्ष किया और मेरा अपमान किया गया। मैंने सभी कुछ किया ताकि ये लोग पुरानी सब बातें भूल जाए। मैंने बार-बार उनसे दुहराया कि मैं उनसे प्रेम करता हूँ, उनके संग-साथ की इच्छा करता हूँ, उनकी सराहना करता हूँ पर कोई फायदा नहीं। कोई फायदा नहीं। मैं एक अमीरज़ादा, बुद्धिजीवी हूँ। एक ऐसा आदमी जो अपने हाथों से काम नहीं लेता। ठीक है, जो उनकी इच्छा हो सोचें। वे लोग सही हैं, ये खाल का सवाल है।

(स्लिक और जॉर्ज चुपचाप एक-दूसरे को देखते रहते हैं।)

होएडरर : ठीक है ? *(स्लिक और जॉर्ज अनिश्चय दिखाते हुए कन्धे*

उचकाते हैं।) मैं उसके साथ तुम्हारे से अलग कोई रियायत नहीं करूँगा। तुम लोग जानते ही हो कि मैं किसी को नहीं बख्शता। वो अपने हाथों से काम नहीं लेता लेकिन मैं उससे कड़ी मेहनत करवाऊँगा। *(नाराज होकर)* चलो बहुत हुआ, अब ये बातें यहीं खत्म करते हैं।

स्लिक : *(निर्णय-सा करते हुए)* ठीक है *(ह्यूगो से)* छुटके मैं ऐसा नहीं कह सकता कि तुम मुझे पसन्द आए। ऐसा होता तो अच्छा रहता। हमारे बीच कुछ ऐसी चीज़ है जो जम नहीं रही। पर मैं ये भी नहीं कहूँगा कि ये तुम्हारी गलती है और फिर ये भी सच है कि शुरुआत ही गड़बड़ा गई थी। हम लोग कोशिश करेंगे कि एक-दूसरे का जीना मुश्किल न करें। ठीक है ?

ह्यूगो : *(रुख नरम करते हुए)* अगर तुम लोग चाहो तो।

स्लिक : ठीक है जॉर्ज ?

जॉर्ज : चलो ऐसा ही सही।

होएडरर : *(शान्तिपूर्वक)* अब बाकी बचा तलाशी का सवाल। *(कुछ क्षण)*

स्लिक : हाँ, तलाशी...अब...

जॉर्ज : उसके बारे में जो कुछ कहा, कहने की बात थी।

स्लिक : अब सही मौका आया है।

होएडरर : *(सुर बदलता हुआ)* तुम लोगों की सलाह किसने माँगी ? तुम लोग तलाशी तभी लोगे अगर मैं तुम्हें ऐसा करने को कहूँगा।

(ह्यूगो से, अपनी सामान्य आवाज़ में) मुझे तुम्हारा यकीन है छुटके, पर तुम्हें भी थोड़ा-सा व्यावहारिक होना चाहिए। आज अगर मैं तुम्हें छूट देता हूँ तो कल मुझसे दो लोग छूट माँगेंगे और आखिर में, कोई आकर हम सबको मार डालेगा क्योंकि हमने उसकी जेबों की तलाशी नहीं ली होगी। अब जबकि तुम लोग दोस्त बन चुके हो, मान लो कि ये लोग तुमसे विनम्रतापूर्वक पूछें तो क्या तुम उन्हें तलाशी लेने दोगे ?

ह्यूगो : मुझे ऐसा नहीं लगता।

होएडरर : अह ! *(उसे देखता है)* और अगर तुमसे ये बात मैं कहूँ तो ? *(कुछ क्षण)* लगता है कि तुम्हारे अपने उसूल हैं।

मैं भी इसे उसूल का सवाल बना सकता था। लेकिन मैं और उसूल...। *(कुछ क्षण)* मेरी तरफ देखो। तुम्हारे पास कोई हथियार तो नहीं ?

ह्यूगो : नहीं।

होएडरर : और तुम्हारी बीवी के पास भी नहीं ?

ह्यूगो : नहीं।

होएडरर : ठीक है, मैं तुम्हारा यकीन करता हूँ। तुम दोनों जाओ।

जेसिका : ठहरो ! *(वो दोनों पलट पड़ते हैं।)* ह्यूगो अगर हम यकीन का ज़वाब यकीन से न दें तो ये बुरी बात होगी।

ह्यूगो : क्या ?

जेसिका : तुम लोग हर जगह की तलाशी ले सकते हो।

ह्यूगो : पर जेसिका...

जेसिका : पर क्या ? तुम उन्हें ये यकीन दिलाना चाहते हो कि तुमने एक रिवाल्वर छुपा रखा है।

ह्यूगो : पागल !

जेसिका : तब तुम उन्हें तलाशी लेने दो। तुम्हारा सम्मान सुरक्षित रहेगा क्योंकि उनसे ऐसा करने का अनुरोध हम कर रहे हैं।

(जॉर्ज और स्लिक हिचकिचाते-से दरवाज़े की चौखट पर खड़े रहते हैं।)

होएडरर : ठीक है ? अब तुम्हें किस बात का इन्तजार है ? तुम लोग समझ गए ?

स्लिक : हमें लगा था कि...

होएडरर : लगने की बात छोड़ो और जो कहा गया है, वो करो।

स्लिक : अच्छा। अच्छा। अच्छा।

जॉर्ज : इन सब कहानियों में समय बर्बाद करने की कोई ज़रूरत नहीं थी।

(जब वो लोग, हलके-फुलके ढंग से तलाशी ले रहे हैं, ह्यूगो स्तब्ध होकर जेसिका को देखता रहता है।)

होएडरर : *(स्लिक और जॉर्ज से)* इससे तुम्हें लोगों का यकीन करने

की शिक्षा मिल जाएगी। मैं हमेशा लोगों का यकीन करता हूँ। सभी लोगों का। *(वो तालाशी ले रहे हैं।)* तुम लोग कितने ढीले हो। चूँकि उन्होंने पूरी गम्भीरता से इसका प्रस्ताव किया है, तलाशी भी गम्भीर होनी चाहिए। स्लिक अलमारी के नीचे देखो। ठीक। पोशाक निकालो। इसे टटोलकर देखो।

स्लिक : ये पहले ही कर लिया था।

होएडरर : दोबारा शुरू करो। गद्दे के नीचे भी देखो। ठीक है। स्लिक जारी रखो और तुम जॉर्ज इधर आओ *(ह्यूगो की तरफ इशारा करता है)* इसकी भी तलाशी लो। सिर्फ उसके कोट की जेबें देख लो और उसकी पतलून की जेबें। ठीक! और रिवाल्वर वाली जेब, बिलकुल सही।

जेसिका : और मेरी ?

होएडरर : क्योंकि तुमने खुद कहा है। जॉर्ज *(जॉर्ज हिलता नहीं)* अरे। तुम्हें उससे डर लग रहा है क्या ?

जॉर्ज : अह ! ठीक है।

(वो जेसिका की तरफ जाता है। चेहरा लाल हो जाता है। बहुत हलके से उँगलियों के सिरे से उसे छूता है, जेसिका हँसती है।)

जेसिका : इसके हाथ तो सेविकाओं जैसे हैं।

(स्लिक उस सूटकेस के सामने आ पहुँचता है। जिसमें रिवाल्वर रखा है।)

स्लिक : ये सब सूटकेस खाली हैं ?

ह्यूगो : *(तनाव में)* हाँ।

होएडरर : *(उसे ध्यान से देखता है।)* ये वाला भी।

ह्यूगो : हाँ।

स्लिक : *(उसे उठाता है।)* ये खाली नहीं है।

ह्यूगो : अह नहीं। ये वाला नहीं, जब तुम भीतर आए थे तो मैं उसे खाली कर ही रहा था।

होएडरर : खोलो।

(स्लिक खोलता है और तलाशी लेता है।)

स्लिक : कुछ नहीं है।

होएडरर : ठीक है, हो गया। अब जाओ।

स्लिक : *(ह्यूगो से)* कोई गिला-शिकवा नहीं।

ह्यूगो : कोई गिला-शिकवा नहीं।

जेसिका : *(जब वो जा रहे हैं)* मैं तुम्हारे हॉल में तुमसे मिलने आऊँगी।

दृश्य-4

जेसिका, होएडरर, ह्यूगो

होएडरर : मैं तुम्हारी जगह होऊँ तो उनसे मिलने बहुत कम जाऊँ।

जेसिका : क्यों भला ? वो इतने मासूम हैं। खासतौर पर जॉर्ज, वो तो बिलकुल छोटी-सी लड़की ही है।

होएडरर : हुँम *(वो उसकी तरफ जाता है)* तुम सुन्दर हो, सच है। इसका पछतावा करने से कोई फायदा नहीं पर जैसी कि परिस्थितियाँ हैं सिर्फ दो ही रास्ते दिखाई पड़ते हैं। पहला, अगर तुम्हारा दिल वाकई इतना बड़ा है तो हम सबको प्रसन्न कर दो।

जेसिका : मेरा दिल बहुत छोटा है।

होएडरर : मुझे ऐसा ही शक था। फिर भी वो लोग झगड़े का बहाना ढूँढ़ ही लेंगे। अब बचा दूसरा रास्ता, जब तुम्हारा पति बाहर जाए तुम भीतर से दरवाज़ा बन्द करके रहोगी और किसी के लिए भी नहीं खोलोगी। मेरे लिए भी नहीं।

जेसिका : हाँ ठीक है, अगर आपकी अनुमति हो तो मैं तीसरा रास्ता चुनूँगी।

होएडरर : जैसा तुम चाहो *(उसकी तरफ झुकता है और गहरी साँस लेता है।)* तुम महक रही हो। जब उनसे मिलने जाओ तो ये इत्र मत लगाना।

जेसिका : मैंने इत्र नहीं लगाई है।

होएडरर : बिना इत्र लगाए महकना तो और भी बुरी बात है।

(वो मुड़ता है—और धीरे-से चलता हुआ कमरे के बीचोंबीच पहुँचकर रुक जाता है।)

(पूरे दृश्य के दौरान उसकी नज़रें चारों ओर कुछ ढूँढ़ती-सी रहती हैं। बार-बार उसकी नज़रें ह्यूगो पर पहुँचकर रुक जाती हैं और उसकी जाँच करती हैं।)

अच्छा ठीक है *(चुप्पी)* अच्छा *(चुप्पी)* ह्यूगो तुम कल सुबह दस बजे मेरे पास आ जाना।

ह्यूगो : जानता हूँ।

होएडरर : *(बेध्यानी से, जबकि उसकी निगाहें चारों तरफ कुछ ढूँढ़ती-सी हैं।)* ठीक है। ठीक। ठीक। सब ठीक है। अन्त भला तो सब भला। तुम लोग बड़ी मज़ाकिया हरकते करते हो मेरे बच्चो। सब कुछ ठीक-ठाक है। सभी लोगों में सुलह़-शान्ति है। किसी को किसी से कोई शिकायत नहीं *(अचानक)* तुम थक गए हो, छुटके।

ह्यूगो : ऐसा कुछ नहीं है।

(होएडरर उसे ध्यान से देखता है। ह्यूगो परेशान हो जाता है, कठिनाई से बोलता है।)

ह्यूगो : इस घटना के लिए मैं माफी चाहता हूँ।

होएडरर : *(उसे देखना जारी रखते हुए।)* मैं तो उसे भूल भी गया।

ह्यूगो : भविष्य में आप...

होएडरर : मैंने तुम्हें कहा है कि मुझे तुम कहो।

ह्यूगो : भविष्य में तुम्हें शिकायत का मौका नहीं मिलेगा। मैं अनुशासन का पालन करूँगा।

होएडरर : तुमने मुझे ये बात पहले बता दी है। पक्की बात कि तुम बीमार नहीं हो ? *(ह्यूगो जवाब नहीं देता)* अगर तुम बीमार हो तो तुम्हारे पास अभी भी मुझे बताने का समय है और मैं समिति से तुम्हारी जगह किसी और को भेजने के लिए कह दूँगा।

ह्यूगो : मैं बीमार नहीं हूँ।

होएडरर : बहुत अच्छा। ठीक है, अब मैं चलूँगा। मुझे लगता है अब तुम लोगों की अकेले रहने की इच्छा होगी। *(मेज़ की तरफ जाता है। और किताबें देखता है)* हेगेल, मार्क्स बहुत बढ़िया। लारेका, इलियट : इन्हें नहीं जानता।

(पुस्तकों के पन्ने पलटता है।)

ह्यूगो : ये कवि हैं।

होएडरर : *(दूसरी किताबें उठाता है।)* कविता, कविता, बहुत सारी कविताएँ। तुम कविता लिखते हो ?

ह्यूगो : न...नहीं।

होएडरर : मतलब पहले लिखते थे। *(वो टेबल से दूर जाता है। पलंग के सामने रुक जाता है।)* ड्रेसिंग गाऊन, तुम बड़ी अच्छी तरह से रहते हो। अपने पिता को छोड़ने के समय तुम इसे साथ लाए थे ?

ह्यूगो : हाँ।

होएडरर : मुझे लगता है कि दोनों सूट भी ?

(वो उसकी तरफ एक सिगरेट बढ़ाता है।)

ह्यूगो : *(मना करते हुए)* नहीं, धन्यवाद।

होएडरर : तुम सिगरेट नहीं पीते ? *(ह्यूगो ना में सिर हिलाता है)* अच्छा है। समिति ने बताया है कि तुमने कभी सीधी कार्यवाही में हिस्सा नहीं लिया। क्या ये सच है ?

ह्यूगो : सच है।

होएडरर : तुम्हें उसपर ध्यान देना चाहिए। सभी बुद्धिजीवी कार्यवाही करने की इच्छा रखते हैं।

ह्यूगो : मुझे समाचारपत्र का काम दिया गया था।

होएडरर : मुझे ये बात बताई गई थी। पिछले दो महीनों से मुझे यह नहीं मिला। उसके पहले के अंक तुम्हीं तैयार करते थे ?

ह्यूगो : हाँ।

होएडरर : तुम ये काम अच्छी तरह कर रहे थे। उन्होंने तुम्हें मेरे पास भेजने के लिए इतने अच्छे सम्पादक की सेवाओं से खुद को वंचित कर लिया ?

ह्यूगो : उन्होंने सोचा कि मैं आपके काम आऊँगा।

होएडरर : ये उनकी भलमनसाहत है। और तुम ? तुम्हें अपना काम छोड़ना अच्छा लगा ?

ह्यूगो : मैं...

होएडरर : अखबार, ये तुम्हारा अपना था। उसमें खतरे और जिम्मेदारियाँ थीं, एक तरह से देखा जाए तो, इसे सीधी

कार्यवाही भी कहा जा सकता था। *(उसे देखता है)* और अब तुम सचिव बन गए। *(कुछ क्षण)* तुमने वो काम क्यों छोड़ा, क्यों भला ?

ह्यूरो : अनुशासन के कारण।

होएडरर : हर समय अनुशासन की बात मत करो। मैं ऐसे लोगों का यकीन नहीं करता जिनके मुँह से इसके सिवा कोई बात नहीं निकलती।

ह्यूगो : मुझे अनुशासन की आवश्यकता है।

होएडरर : क्यों भला ?

ह्यूगो : *(थके स्वर में)* क्योंकि मेरे दिमाग में बहुत-से विचार उठते हैं। मुझे उन्हें भगाना पड़ता है।

होएडरर : किस तरह के विचार ?

ह्यूगो : 'मैं यहाँ क्या कर रहा हूँ ? मैं जो चाहता हूँ, क्या मेरी चाहत सही है ? क्या मैं खुद से कोई मजाक तो नहीं कर रहा ?' इसी तरह के विचार।

होएडरर : *(धीमे से)* हाँ, इस तरह के विचार, इस क्षण तुम्हारा दिमाग इनसे भरा पड़ा है ?

ह्यूगो : *(परेशान होकर)* नहीं, नहीं इस समय नहीं *(कुछ समय)* पर ये वापस आ सकते हैं। मुझे खुद को इनसे बचाना पड़ता है। मुझे अपने दिमाग से इन्हें हटाकर दूसरे कुछ विचार भरने पड़ेंगे। आदेश 'ये करो, चलो, रुको, ये कहो' मुझे आज्ञापालन की आवश्यकता है। सिर्फ आज्ञापालन, बस, खाना, सोना, आज्ञापालन।

होएडरर : ठीक है, अगर तुम आज्ञापालन करोगे तो हमारी अच्छी पटेगी। *(वो उसके कन्धे पर हाथ रखता है।)* सुनो ! *(ह्यूगो खुद को छुड़ाता है और तेजी से पीछे हट जाता है। होएडरर उसे पहले से अधिक उत्सुकता से देखता है। उसकी आवाज कठोर और धारदार हो जाती है)* हूँ ? *(कुछ समय)* हा ! हा ! हा !

ह्यूगो : मुझे...मुझे छुआ जाना पसन्द नहीं है।

होएडरर : *(कठोर और गतिमान आवाज़ में)* जब उन्होंने तुम्हारे इस वाले सूटकेस की तलाशी ली, तब तुम डर गए थे।

क्यों भला ?

ह्यूगो : मैं डरा नहीं था।

होएडरर : बिलकुल डरे हुए थे। उसमें क्या है ?

ह्यूगो : उन्होंने तलाशी ली और वहाँ कुछ नहीं मिला था।

होएडरर : कुछ नहीं ? यही तो देखना है। *(वो सूटकेस की तरफ जाता है। और उसे खोलता है।)* वो लोग हथियार तलाश रहे थे। सूटकेस में हथियार छुपाए जा सकते हैं पर उसमें कागज़ात भी तो छुपाए जा सकते हैं।

ह्यूगो : या कुछ बहुत व्यक्तिगत चीजें ?

होएडरर : इस क्षण से, जब से तुम मेरे आदेशों के अधीन हो, अपने दिमाग में ये अच्छी तरह बिठा लो कि तुम्हारे पास तुम्हारा व्यक्तिगत कुछ भी नहीं है। *(वो तलाशता है।)* कमीज़ें, कच्छे सभी कुछ नया है। तो तुम्हारे पास काफी पैसा है ?

ह्यूगो : मेरी बीवी के पास है।

होएडरर : ये तस्वीरें कैसी हैं ? *(उन्हें देखता है, चुप्पी)* तो ये है, ये बात है ! *(वो एक फोटो देखता है)* मखमल की पोशाक *(दूसरी फोटो देखता है।)* बेरेट टोपी के साथ एक बड़ा नाविकोंवाला कॉलर। एक छोटा-सा भद्र पुरुष।

ह्यूगो : मुझे ये फोटो लौटा दो।

होएडरर : शश...*(उसे धकेलता है)* तो ये हैं नितान्त व्यक्तिगत चीज़ें। तुम्हें डर था कि वो इन्हें ना ढूँढ़ ले।

ह्यूगो : अगर ये उनके गन्दे हाथों में पड़ जाते तो, अगर वो इन्हें देखकर हँसते तो, मैं...

होएडरर : अच्छा राज खुल गया। इसे कहते हैं, चेहरे पर अपराध भाव लेकर घूमना। मैंने कसम खा ली होती कि तुम कम-से-कम एक हाथगोला तो छुपा ही रहे थे। *(वो तस्वीरें देखता है)* तुम बहुत अधिक नहीं बदले। ये छोटी-सी पतली टाँगें। जाहिर है कि तुम्हें कभी भूख नहीं लगती थी। तुम इतने छोटे-से थे कि तुम्हें कुर्सी पर खड़ा करना पड़ा। तुमने बाजुएँ मोड़ी हुई हैं और तुम पूरी दुनिया को नेपोलियन की तरह देख रहे हो। तुम बहुत खुश नहीं दिख रहे। नहीं, अमीरज़ादा होना हमेशा ही मज़ाक नहीं है। जिन्दगी की ये

एक बुरी शुरुआत है। अगर तुम अपने अतीत को दफना देना चाहते थे तो अपने अतीत को सूटकेस में साथ-साथ लिए क्यों फिरते हो ? *(ह्यूगो की अस्पष्ट-सी भाव-भंगिमाएँ)* कुछ भी हो, तुम अपना बहुत ध्यान रखते हो।

ह्यूगो : मैं पार्टी में खुद को भुलाने के लिए शामिल हुआ हूँ।

होएडरर : और तुम हर समय खुद को ये याद दिलाते हो कि तुम्हें खुद को भूलना है। खैर ! हरेक का अपना तरीका है। *(उसे फोटो लौटाता है।)* अच्छी तरह छिपा लो। *(ह्यूगो उन्हें लेता है और अपने कोट की भीतरी जेब में रख लेता है।)* कल मिलेंगे ह्यूगो।

ह्यूगो : कल मिलेंगे।

होएडरर : नमस्कार जेसिका।

जेसिका : नमस्कार।

(बिलकुल दरवाजे पर पहुँचकर होएडरर वापस पलटता है।)

होएडरर : दरवाज़ा बन्द कर लो और सिटकनियाँ चढ़ा लो। पता नहीं बागीचे में कौन घूम रहा हो। ये एक आदेश है। (जाता है।)

दृश्य-5

ह्यूगो, जेसिका

ह्यूगो दरवाज़े की तरफ जाता है। और दो बार चाबी घुमाता है।

जेसिका : वो सच में साधारण है। पर वो चित्तीदार टाई नहीं पहनता।

ह्यूगो : रिवाल्वर कहाँ है ?

जेसिका : मुझे कितना मजा आया, मेरे प्यारे। ये पहली बार है। जब मैं तुम्हारा आमना-सामना असली मर्दों से होते देख रही हूँ।

ह्यूगो : जेसिका, रिवाल्वर कहाँ है ?

जेसिका : तुम इस खेल के नियम नहीं जानते, और खिड़की कौन

बन्द करेगा ? कोई हमें बाहर से देख सकता है।

(ह्यूगो जाकर खिड़की के पल्ले बन्द करता है। और उसकी तरफ वापस आता है।)

ह्यूगो : तब फिर ?

जेसिका : *(अपने चोली से रिवाल्वर निकालते हुए)* तलाशी लेने के लिए होएडरर को एक औरत भी रखनी चाहिए। मैं इसके लिए अपनी सेवा देने का प्रस्ताव करने जा रही हूँ।

ह्यूगो : तुमने इसे कब उठाया ?

जेसिका : जब तुम उन दोनों रखवाली के कुत्तों के लिए दरवाज़ा खोलने गए थे।

ह्यूगो : तुमने हमारा अच्छा मज़ाक उड़ाया। मुझे लगा कि उसने तुम्हें अपने पिंजरे में फँसा लिया।

जेसिका : मुझे ? मुझे तो हँसी आनेवाली थी। 'मैं तुम्हारा यकीन करता हूँ मैं सब लोगों का यकीन करता हूँ। इससे तुम लोगों पर यकीन करना सीखोगे...' वो खुद को समझता क्या है ? विश्वास करने का नाटक सिर्फ मर्दों के साथ चलता है।

ह्यूगो : अच्छा ?

जेसिका : चुप रहो मेरे प्यारे, तुम खुद भी भावुक हो गए थे।

ह्यूगो : मैं, कब भला ?

जेसिका : जब उसने तुम्हें कहा कि वो तुम्हारा यकीन करता है।

ह्यूगो : नहीं, मैं भावुक नहीं हुआ था।

जेसिका : बिलकुल हो गए थे।

ह्यूगो : बिलकुल नहीं।

जेसिका : कुछ भी हो, मैं पहले ही तुम्हें चेतावनी दे रही हूँ कि अगर तुम मुझे एक खूबसूरत लड़के के साथ छोड़ते हो तो ये मत कहना कि तुम मेरा यकीन करते हो। बल्कि इसके विपरीत...अगर मेरी इच्छा हुई तो तुम्हारा ये यकीन मुझे तुम्हें धोखा देने से नहीं रोकेगा।

ह्यूगो : मैं बहुत शान्त आदमी हूँ। मैं आँखें बन्द करके बाहर चला जाऊँगा।

जेसिका : तुम्हें लगता है कि तुम मुझे भावुक कर लोगे ?

ह्यूगो : नहीं, मेरे बर्फ के बुत, मुझे बर्फ के ठंडेपन का यकीन है। सबसे गर्म, उत्तेजित आदमी की अँगुलियाँ भी ठंडी हो जाएँगी। वो तुम्हें गर्म करने के लिए सहलाएगा और तुम उसके हाथों में पिघल जाओगी।

जेसिका : मूर्ख, मैं अब खेल नहीं रही। *(कुछ क्षण की चुप्पी)* तुम वाकई में डर गए थे।

ह्यूगो : थोड़ी देर पहले ? नहीं तो। मुझे यकीन नहीं आया। मैंने उसे तलाशी लेते देखा और अपने आपसे कहा, 'हम लोग खेल कर रहे हैं।' मुझे कभी भी, कुछ भी पूरी तरह सच नहीं लगता।

जेसिका : मैं भी नहीं ?

ह्यूगो : तुम ? *(वो एक क्षण के लिए उसे देखता है फिर सिर घुमा लेता है।)* कहो, तुम भी डर गई थीं ना ?

जेसिका : जब मुझे लगा कि वो मेरी तलाशी लेनेवाले हैं, ये हेड्स या टेलूस वाली स्थिति थी। मुझे यकीन था कि जॉर्ज बमुश्किल मुझे छुएगा। पर स्लिक ने मुझे अपने हाथों से खूब दबाया होता। मुझे ये डर नहीं था कि वो रिवाल्वर ढूँढ़ लेगा, मुझे उसके हाथों से डर लग रहा था।

ह्यूगो : मुझे इस किस्से में तुम्हें नहीं घसीटना चाहिए था।

जेसिका : इसके उलटे, मैं हमेशा से रोमांच भरे काम करने का सपना देखती थी।

ह्यूगो : जेसिका, ये खेल नहीं है, वो खतरनाक आदमी है।

जेसिका : खतरनाक ? किसके लिए ?

ह्यूगो : पार्टी के लिए।

जेसिका : पार्टी के लिए ? मुझे तो लगता है कि वो ही इसका प्रमुख है।

ह्यूगो : वो प्रमुखों में से एक है। लेकिन साथ ही वो...

जेसिका : मुझे विस्तार से मत बताओ, मैं तुम्हारा यकीन करती हूँ।

ह्यूगो : तुम किस बात का यकीन करती हो ?

जेसिका : *(सबक-सा दोहराते हुए)* मुझे यकीन है कि वो खतरनाक आदमी है कि उसे गायब हो जाना चाहिए कि तुम उसे

मारने आए...।

ह्यूगो : चुप *(कुछ समय)* मुझे देखो। कई बार मुझे लगता है कि तुम मेरा यकीन करने का खेल खेल रही हो पर तुम सचमुच मेरा यकीन नहीं करती और कभी मुझे ये लगता है कि तुम गहराई से मेरा यकीन करती हो पर मेरा यकीन न करने का दिखावा करती हो। सच कौन-सा है ?

जेसिका : *(हँसती हुई)* कुछ भी सच नहीं है।

ह्यूगो : अगर मुझे तुम्हारी मदद की ज़रूरत हो तो तुम क्या करोगी ?

जेसिका : क्या मैंने अभी-अभी तुम्हारी मदद नहीं की ?

ह्यूगो : बिलकुल की मेरी प्यारी। लेकिन ये वो मदद नहीं है जो मैं चाहता हूँ।

जेसिका : अहसान फ़रामोश कहीं के।

ह्यूगो : *(उसे देखते हुए)* काश मैं तुम्हारे दिमाग़ को पढ़ पाता।

जेसिका : मुझसे पूछ लो।

ह्यूगो : *(कन्धे उचकाते हुए)* ऊँह् *(कुछ समय)* मेरे भगवान, जब कोई किसी को मारनेवाला होता है, वो खुद को पत्थर की तरह भारी महसूस करता होगा। मुझे दिमाग़ी सुकून चाहिए। *(चीखते हुए)* शान्ति *(कुछ समय)* तुमने देखा कि वो कितना गहन, कितना जीवन्त है ? *(कुछ समय)* सच है, सच है, ये सच है कि मैं उसे मारनेवाला हूँ। एक सप्ताह में अपने ज़िस्म पर गोलियों के पाँच छेदों के साथ, वो धरती पर पड़ा होगा। *(कुछ समय)* क्या मजाक है।

जेसिका : *(हँसने लगती है।)* मेरे प्यारे, अगर तुम मुझे यकीन दिलाना चाहते हो कि तुम एक कातिल बननेवाले हो तो तुम्हें पहले खुद को इसका यकीन दिलाना होगा।

ह्यूगो : मुझे देखने से लगता है कि मुझे खुद इसका यकीन नहीं है ?

जेसिका : बिलकुल नहीं, तुम अपना किरदार अच्छी तरह से नहीं निभा रहे।

ह्यूगो : लेकिन मैं अब और खेल नहीं रहा, जेसिका।

जेसिका : बिलकुल, तुम खेल रहे हो।

ह्यूगो : नहीं, ये तुम हो, ये हमेशा तुम ही हो जो खेल रही हो।

जेसिका : नहीं, ये तुम हो। वैसे भी तुम उसे कैसे मार पाओगे जबकि रिवाल्वर मेरे पास है ?

ह्यूगो : रिवाल्वर मुझे लौटा दो।

जेसिका : जीते जी तो नहीं दूँगी। ये मेरी कमाई है, बिना मेरे तो तुमने इसे पकड़वा ही दिया होता।

ह्यूगो : रिवाल्वर मुझे लौटा दो।

जेसिका : नहीं, मैं इसे तुम्हें नहीं लौटाऊँगी, मैं होएडरर से मिलने जाऊँगी और उसे कहूँगी कि मैं आपको खुश करने आई हूँ। और जब वो मुझे चूमेगा...

(ह्यूगो जो हार मानने का सा दिखावा कर रहा था, उसके ऊपर झपट पड़ता है, वही प्रथम दृश्य वाला खेल।)

(वो पलंग पर गिर जाते हैं, लड़ते हैं, चिल्लाते हैं और हँसते हैं। अन्नतः ह्यूगो उससे रिवाल्वर छीन लेता है। पर्दा गिरता है और वो चिल्ला रही है—ध्यान से, ध्यान से, रिवाल्वर चल जाएगा।)

चतुर्थ अंक

होएडरर का कार्यालय—आडम्बरहीन पर आरामदेह कमरा, सीधे हाथ पर एक डेस्क, बीच में किताबों और काग़ज़ों से लदी मेज़ जिस पर पड़ा कपड़ा फर्श को चूमता गिरा-सा पड़ रहा है। उल्टे हाथ पर एक तरफ एक खिड़की जिससे बगीचे के पेड़ दिखाई पड़ते हैं। सीधे हाथ पर पीछे की तरफ एक दरवाज़ा, दरवाज़े के बाईं तरफ एक खाना पकाने की मेज़, जिस पर गैस का चूल्हा लगा है। चूल्हे पर कॉफी का बर्तन। इधर-उधर फैली कुर्सियाँ। दोपहर का समय।

ह्यूगो अकेला है। वो डेस्क के पास जाता है। होएडरर का पेन उठाता है और उसे छूता है। चूल्हे तक जाता है, कॉफी का बर्तन लेता है और सीटी बजाते हुए उसे देखता है। जेसिका का धीमे से प्रवेश।

दृश्य-1

जेसिका, ह्यूगो

जेसिका : तुम इस कॉफी के बर्तन के साथ क्या कर रहे हो ?

ह्यूगो : *(जल्दी से उसे वापस रख देता है।)*

ह्यूगो : जेसिका, तुम्हें इस कार्यालय में आने से मना किया गया था।

जेसिका : तुम इस कॉफी के बर्तन के साथ क्या कर रहे थे ?

ह्यूगो : और तुम, तुम यहाँ क्या करने आई हो ?

जेसिका : तुम्हें देखने, मेरे प्यारे।

ह्यूगो : ठीक है, तुमने मुझे देख लिया। होएडरर नीचे आता ही होगा।

जेसिका : तुम नीरस आदमी हो, मेरे प्यारे।

ह्यूगो : जेसिका, अभी मेरे पास खेल-खेलने का समय नहीं है।

जेसिका : *(चारों तरफ देखती हुई)* ज़ाहिर है कि तुम मुझे किसी चीज़ के बारे में विस्तार से नहीं बता सके। इससे बासी तम्बाकू की बू आती है। जैसी कि पिता के पढ़ने के कमरे से आती थी, जब मैं छोटी थी। किसी गन्ध के बारे में बात करना कहीं अधिक आसान है।

ह्यूगो : मेरी बात ध्यान से सुनो...

जेसिका : रुको। *(अपनी पोशाक की जेब में कुछ तलाशती है)* मैं तुम्हारे लिए ये लाई हूँ।

ह्यूगो : क्या है ?

जेसिका : *(अपनी जेब से रिवाल्वर निकालती है और ह्यूगो की हथेली पर रख देती है।)* ये, तुम इसे वहीं भूल आए थे।

ह्यूगो : मैं इसे भूला नहीं था। मैं इसे अपने साथ नहीं रखता।

जेसिका : कायदे से तो तुम्हें इसे अपने से अलग नहीं करना चाहिए।

ह्यूगो : जेसिका, लगता है कि तुम ठीक से समझी नहीं, इसलिए मैं साफ-साफ शब्दों में कह रहा हूँ कि मैं तुम्हें दोबारा यहाँ कदम रखने की मनाही करता हूँ। अगर तुम खेलना ही चाहती हो तो तुम्हारे पास पवेलियन और बागीचा है।

जेसिका : तुम मुझसे ऐसे बात कर रहे हो जैसे कि मैं छह साल की छोटी-सी बच्ची हूँ।

ह्यूगो : तो ये किसकी गलती है ? ये सब बरदाश्त की हद के बाहर हो चुका है। तुम बिना हँसे मेरी तरफ देख भी नहीं सकती। जब हम पचास साल के हो जाएँगे तब कितना अच्छा रहेगा। जानती हो जेसिका कि ये गन्दी आदत जो हमने एक साथ पाली है, इस आदत को छोड़ना पड़ेगा। तुम मेरी बात समझ रही हो ना ?

जेसिका : हाँ।

ह्यूगो : तुम कोशिश करोगी ?

जेसिका : हाँ।

ह्यूगो : अच्छा ठीक है। शुरुआत इस रिवाल्वर को लौटाने से ही करते हैं।

जेसिका : मैं नहीं लौटा सकती।

ह्यूगो : जेसिका !

जेसिका : ये तुम्हारी है तुम्हें ही इसे लेना होगा।

ह्यूगो : लेकिन मैं कह रहा हूँ ना कि फिलहाल मुझे इसकी ज़रूरत नहीं है।

जेसिका : और मैं, तुम्हारे हिसाब से मुझे इसका क्या करना चाहिए ?

ह्यूगो : जो चाहे सो करो, मेरा इससे कुछ लेना-देना नहीं।

जेसिका : तो तुम अपनी बीवी को मजबूर करोगे कि वो पूरे दिन अपनी जेब में हथियार लिए घूमती फिरे।

ह्यूगो : वापस घर चली जाओ और इसे मेरे सूटकेस में ही रख दो।

जेसिका : लेकिन मेरी घर लौटने की इच्छा नहीं हो रही, तुम बुरी तरह पेश आ रहे हो।

ह्यूगो : तुम्हें इसे यहाँ लाने की कोई ज़रूरत नहीं थी।

जेसिका : और तुम्हें इसे वहाँ भूलकर आने की ज़रूरत नहीं थी।

ह्यूगो : मैंने कहा ना कि मैं इसे भूला नहीं था।

जेसिका : नहीं ह्यूगो, तब तुमने अपनी योजनाएँ बदल दी होंगी। ह्यूगो मेरी आँखों में देखो, तुमने अपनी योजना बदल दी है। हाँ या नहीं ?

ह्यूगो : नहीं, मैंने अपनी योजनाएँ नहीं बदली है।

जेसिका : हाँ या नहीं ? क्या तुम चाहते हो कि...

ह्यूगो : हाँ, हाँ, पर आज नहीं।

जेसिका : ओह, ह्यूगो, मेरे छोटे-से ह्यूगो, आज क्यों नहीं ? मैं बहुत बोर हो रही हूँ। तुमने मुझे जो नॉवल दिए थे वो सब मैंने खत्म कर लिए है और एक रखैल की तरह पूरे दिन बिस्तर पर पड़े रहना मुझे अच्छा नहीं लगता। इससे मैं मोटी होती जा रही हूँ। आखिर तुम्हें इन्तज़ार किस बात का है ?

ह्यूगो : जेसिका, तुम अभी भी खेल रही हो।

जेसिका : खेल तुम रहे हो। दस दिनों से तुम मुझे प्रभावित करने के लिए बहुत दिखावा कर रहे हो और वो आदमी अभी तक जिन्दा है। अगर ये खेल है तो ये बहुत लम्बा खिंच रहा

है। हम हमेशा धीमी आवाज़ में बातें करते हैं कि कोई सुन न ले। मुझे हमेशा तुम्हारे मिजाज का खयाल रखना पड़ता है जैसे कि तुम कोई गर्भवती औरत हो।

ह्यूगो : तुम अच्छी तरह जानती हो कि ये कोई खेल नहीं है।

जेसिका : *(रूखेपन से)* तब तो ये और भी बुरा है। मुझे ऐसे लोग पसन्द नहीं जो वो काम नहीं करते जो करना उन्होंने तय किया हो। चाहते हो कि मैं तुम्हारा यकीन करूँ, तो तुम्हें ये काम आज ही खत्म करना पड़ेगा।

ह्यूगो : आज सही मौका नहीं है।

जेसिका : *(दोबारा अपनी सामान्य आवाज़ में)* देखा।

ह्यूगो : तुम मेरा दिमाग चाट रही हो। उससे मिलने कुछ लोग आनेवाले हैं।

जेसिका : कितने ?

ह्यूगो : दो।

जेसिका : उन्हें भी मार डालो।

ह्यूगो : बाकी लोगों की खेलने की इच्छा न हो तब भी खेलने की जिद पर अड़नेवाले आदमी जैसा सनकी कोई नहीं। मुझे तुम्हारी मदद नहीं चाहिए। नहीं, मैं सिर्फ इतना चाहता हूँ कि तुम मुझे परेशान मत करो।

जेसिका : ठीक है, ठीक है। जब तुमने मुझे अपनी ज़िन्दगी से बाहर कर ही दिया है तो जो जी में आए करो पर ये रिवाल्वर ले लो क्योंकि यदि मैं इसे जेब में रखूँगी तो मेरी जेब लटककर झूलने लगेगी।

ह्यूगो : अगर मैं इसे ले लूँ तो तुम वापस चली जाओगी ?

जेसिका : लेकर देखो तो सही।

ह्यूगो : *(रिवाल्वर ले लेता है और अपनी जेब में रख लेता है।)* अब दफा हो जाओ।

जेसिका : एक मिनट, मुझे वो कार्यालय देखने का पूरा हक है जहाँ मेरा पति काम करता है। *(होएडरर के डेस्क के पीछे से गुज़रती है। इस की तरफ इशारा करते हुए।)* यहाँ कौन बैठता है ? वो या तुम ?

ह्यूगो : *(अनिच्छापूर्वक)* वही बैठता है। *(मेज़ की तरफ इशारा*

करते हुए) मैं इस मेज़ पर काम करता हूँ।

जेसिका : *(बिना उसकी बात सुने ही)* ये उसका हस्तलेख है ? *(मेज़ पर से एक पन्ना उठाती है।)*

ह्यूगो : हाँ।

जेसिका : हा, हा, हा *(गहरी उत्सुकता से)*।

ह्यूगो : इसे नीचे रखो।

जेसिका : तुमने इसका चढ़ाव देखा ? वो अक्षरों को मिलाता नहीं।

ह्यूगो : फिर ?

जेसिका : फिर क्या ? ये बहुत महत्त्वपूर्ण बात है।

ह्यूगो : किसके लिए ?

जेसिका : उसका चरित्र जानने के लिए। जिसे मारना हो, उसे जानना चाहिए। और वो शब्दों के बीच में कितनी जगह छोड़ता है। ये कहा जा सकता है कि हर अक्षर मानो एक द्वीप है और शब्द द्वीप समूह। इससे कुछ बात साफ होती है।

ह्यूगो : क्या ?

जेसिका : पता नहीं। कितनी परेशान करनेवाली बात है ! उसके बचपन की यादें, उसकी प्रेमिकाएँ, उसका प्रेम करने का तरीका, सभी कुछ इसमें है और मुझे पढ़ना नहीं आता...ह्यूगो, तुम्हें मुझे हस्तलेख विज्ञान की एक किताब खरीद देनी चाहिए। मुझे लगता है कि इसके लिए मुझमें प्रकृति प्रदत्त क्षमता है।

ह्यूगो : अगर तुम तुरन्त चली जाओ तो मैं एक किताब खरीद दूँगा।

जेसिका : ये तो पियानोवाली तिपाई लगती है।

ह्यूगो : वही है।

जेसिका : *(तिपाई पर बैठकर उसे घुमाती है)* कितना मज़ा आता है। वो बैठता है, सिगरेट पीता है, बोलता है और अपनी तिपाई पर घूमता है ?

ह्यूगो : हाँ।

(जेसिका मेज़ पर रखा छोटा-सा शराब का पात्र खोलती है और उसे सूँघती है।)

जेसिका : वो शराब पीता है ?

ह्यूगो : जैसे मछली पानी पीती है।

जेसिका : काम करते समय भी ?

ह्यूगो : हाँ।

जेसिका : और वो कभी मदहोश नहीं होता ?

ह्यूगो : कभी नहीं।

जेसिका : मुझे लगता है कि वो तुम्हें पिलाए भी तो भी तुम शराब नहीं पिओगे। तुम इसे झेल ही नहीं पाओगे।

ह्यूगो : मेरी बड़ी बहन मत बनो। मुझे अच्छी तरह पता है कि मैं अल्कोहल नहीं झेल सकता, ना ही तम्बाकू, न ही गर्मी, ना ही सर्दी, न उमस, न ही भूसे की गन्ध, कुछ भी नहीं।

जेसिका : *(धीमे से)* और वो बोलता है, सिगरेट पीता है, शराब पीता है, अपनी तिपाई पर घूमता है।...

ह्यूगो : हाँ और मैं...

जेसिका : *(चूल्हे की तरफ लक्ष्य करते हुए)* ये क्या है ? वो अपना खाना खुद बनाता है।

ह्यूगो : हाँ।

जेसिका : *(ठहाका लगाते हुए)* पर क्यों ? मैं तुम्हारा खाना बनाती हूँ। मैं उसका भी बना सकती हूँ। वो हमारे यहाँ खाना खाने आ सकता है।

ह्यूगो : तुम उसके जितना अच्छा नहीं बना सकोगी और फिर मुझे लगता है कि उसे इसमें मज़ा आता है। सुबह वो हम दोनों के लिए कॉफी बनाता है, कालाबाज़ार से खरीदी गई बढ़िया कॉफी...

जेसिका : *(कॉफी बनानेवाले बर्तन की ओर इशारा करते हुए)* इसमें ?

ह्यूगो : हाँ।

जेसिका : जब मैं अन्दर आई थी तो तुम्हारे हाथ में यही कॉफी का बर्तन था ?

ह्यूगो : हाँ।

जेसिका : तुमने उसे क्यों उठाया था ? तुम वहाँ क्या तलाश कर रहे थे ?

ह्यूगो : पता नहीं *(कुछ समय)* जब मैं इसे छूता हूँ तो ये कितना सच्चा लगता है। *(वो उसे उठाता है।)* वो जो भी चीज़ छूता है वो कितनी सच्ची लगने लगती है। वो प्यालों में कॉफी उँड़ेलता है, मैं पीता हूँ। मैं उसे पीता हुआ देखता हूँ और मुझे लगता है कि कॉफी का सच्चा स्वाद तो उसके मुँह में है। *(कुछ क्षण)* सच्चा स्वाद, सच्ची गर्मी, सच्ची रोशनी। सब गायब हो जाएगी। इसके अलावा कुछ भी नहीं बचेगा। *(कॉफी के बर्तन की ओर इशारा करता है।)*

जेसिका : किसके सिवा ? कॉफी के बर्तन के ?

ह्यूगो : *(पूरे कमरे की ओर इशारा करते हुए)* ये सब झूठ है। *(कॉफी का बर्तन वापस रखता है।)* मैं एक नकली वातावरण में जी रहा हूँ। *(विचारों में खो जाता है।)*

जेसिका : ह्यूगो।

ह्यूगो : *(उछल पड़ता है)* ऊँह।

जेसिका : जब वो मर जाएगा तो तम्बाकू की गन्ध भी चली जाएगी *(अचानक)* उसे मत मारो।

ह्यूगो : तो तुम यकीन करती हो कि मैं उसे मारनेवाला हूँ। जबाव दो! तुम इसका यकीन करती हो ?

जेसिका : पता नहीं। सब कुछ कितना शान्त है। और फिर इन सबसे मेरे बचपन की गन्ध आती है। कुछ नहीं बिगड़ेगा, इसका कुछ बिगड़ ही नहीं सकता। तुम मुझसे मज़ाक कर रहे हो।

ह्यूगो : वो आ गया है। खिड़की से भाग जाओ।

(वो उसे खींचने लगता है।)

जेसिका : *(विरोध करते हुए)* मैं देखना चाहती हूँ कि अकेले होने पर तुम लोग, कैसे व्यवहार करते हो।

ह्यूगो : *(उसे खींचते हुए)* जल्दी करो।

जेसिका : *(जल्दी से)* मेरे पिता के घर में, मेज के नीचे छुपकर मैं घंटों उन्हें काम करते देखती थी। *(ह्यूगो उलटे हाथ से खिड़की खोलता है। जेसिका उसकी पकड़ से छूट जाती है और मेज़ के नीचे घुस जाती है। होएडरर अन्दर आता है।)*

दृश्य-2

वही लोग, होएडरर

होएडरर : तुम वहाँ नीचे क्या कर रही हो।

जेसिका : मैं छुप रही हूँ।

होएडरर : क्या करने के लिए ?

जेसिका : ये देखने के लिए कि जब मैं यहाँ नहीं होती तो आप किस तरह से व्यवहार करते हैं।

होएडर : वे पगली है *(ह्यूगो से)* इसे अन्दर किसने आने दिया ?

ह्यूगो : पता नहीं।

होएडरर : ये तुम्हारी बीवी है। जरा बेहतर ढंग से उस पर काबू रखो।

जेसिका : मेरे प्यारे, वो तुम्हें मेरा पति समझता है।

होएडरर : वो तुम्हारा पति नहीं है ?

जेसिका : वो मेरा छोटा भाई है।

होएडरर : *(ह्यूगो से)* वो तुम्हारी इज्जत नहीं करती।

ह्यूगो : बिलकुल नहीं।

होएडरर : तुमने इससे शादी क्यों की ?

ह्यूगो : क्योंकि ये मेरी इज्जत नहीं करती थी।

होएडरर : पार्टी के लोग पार्टी की ही किसी लड़की से शादी करते हैं।

जेसिका : क्यों भला ?

होएडरर : वो कहीं अधिक आसान होता है।

जेसिका : आपको ये कैसे पता कि मैं पार्टी की नहीं हूँ ?

होएडरर : पता चल जाता है *(उसे देखता है)* प्यार करने के अलावा तुम्हें और कुछ करना नहीं आता...

जेसिका : वो भी नहीं आता *(कुछ समय)* आपको लगता है कि मुझे पार्टी में शामिल हो जाना चाहिए।

होएडरर : जो चाहे सो करो...तुम्हारे मामलें में मुझे कोई उम्मीद नजर नहीं आती।

जेसिका : क्या ये मेरी गलती है ?

होएडरर : वो भला मुझे कैसे पता होगा ? मुझे लगता है कि तुम कुछ हद तक पीड़ित और कुछ हद तक जुर्म में भागीदार, दोनों

हो, जैसे कि सभी होते हैं।

जेसिका : *(अचानक उग्र होकर)* मैं किसी के जुर्म में भागीदार नहीं हूँ। मुझसे मेरा विचार जाने बिना ही निर्णय ले लिया गया।

होएडरर : सम्भव है। वैसे भी मुझे स्त्री मुक्ति का प्रश्न बहुत रोचक नहीं लगता।

जेसिका : *(ह्यूगो की तरफ़ इशारा करते हुए)* आपको यकीन है कि मैं उसे नुकसान पहुँचा रही हूँ।

होएडरर : तुम मुझसे यही पूछने के लिए यहाँ आई थी ?

जेसिका : क्यों नहीं ?

होएडरर : मुझे लगता है कि तुम उसकी अय्याशी की चीज हो। बुजुर्आ लोगों के लड़के जब हमारे पास आते हैं तो यादगार के तौर पर अपना थोड़ा-सा अतीत भी अपने साथ ही लेकर आते हैं। कुछ के लिए ये सोचने की आजादी होती है, कुछ के लिए टाई पिन और इसके लिए, ये इसकी बीवी है।

जेसिका : हाँ, और आप, आपको अय्याशी की जरूरत नहीं।

होएडरर : जाहिर है कि नहीं *(दोनों एक-दूसरे को देखते हैं)* चलो बाहर जाओ, दफा हो जाओ और फिर यहाँ पैर मत रखना।

जेसिका : ठीक है, मैं आप लोगों को आपकी मर्दानी दोस्ती के साथ अकेला छोड़ देती हूँ। *(गरिमापूर्ण ढंग से बाहर चली जाती है।)*

दृश्य-3

ह्यूगो, होएडरर

होएडरर : तुम्हें उससे बहुत लगाव है ?

ह्यूगो : ज़ाहिर है।

होएडरर : तो उसे यहाँ दोबारा कदम रखने को मना कर दो। एक आदमी और एक खूबसूरत औरत के बीच चुनाव करना हो तो मैं आदमी को चुनूँ। लेकिन फिर भी मेरे काम को बहुत

मुश्किल मत बनाओ।

ह्यूगो : आपसे चुनने को कौन कहता है ?

होएडरर : ये महत्त्वहीन बात है और वैसे भी मैंने तुम्हें चुना है।

ह्यूगो : *(हँसते हुए)* आप जेसिका को नहीं जानते।

होएडरर : सम्भव है और वही बेहतर भी है। *(कुछ समय)* फिर भी उसे वापस न आने के लिए कह दो। *(अचानक)* क्या समय हुआ है ?

ह्यूगो : चार बजकर दस मिनट।

होएडरर : उन्हें देर हो गई। *(वह खिड़की पर जाता है, बाहर एक निगाह डालता है, फिर वापस आ जाता है।)*

ह्यूगो : आपको मुझसे कुछ लिखवाना नहीं है ?

होएडरर : आज नहीं। *(ह्यूगो जाने लगता है)* नहीं, यहीं रुको। चार बजकर दस मिनट ?

ह्यूगो : हाँ।

होएडरर : अगर वो नहीं आते हैं तो उन्हें इसका पछतावा होगा।

ह्यूगो : कौन आनेवाला है ?

होएडरर : तुम खुद देख लेना। तुम्हारी ही दुनिया के लोग। *(थोड़ी चहलकदमी)* मुझे इन्तज़ार करना अच्छा नहीं लगता *(वापस ह्यूगो की तरफ आता है)* अगर वो आते हैं। तो मामला उनके काबू में है पर अगर वो आखिरी क्षण में डर जाते हैं तो सब कुछ दोबारा शुरू करना होगा और मुझे लगता है कि मेरे पास दोबारा शुरू करने का समय नहीं होगा। तुम्हारी उम्र कितनी है ?

ह्यूगो : इक्कीस साल।

होएडरर : तुम्हारे पास बहुत समय है।

ह्यूगो : आप भी इतने बूढ़े तो नहीं हैं?

होएडरर : मैं बूढ़ा नहीं हूँ पर मैं उनके निशाने पर हूँ। *(वो उसे बागीचा दिखाता है)* इन दीवारों के पार ऐसे लोग हैं जो दिन-रात मुझसे मुक्ति पाने की ही सोचते हैं; और क्योंकि मैं हर समय बचने की नहीं सोचता, अन्त में वो लोग मुझे मारने में सफल हो जाएँगे।

ह्यूगो : आपको कैसे पता कि वो दिन-रात इस बारे में ही सोचते

रहते हैं ?

होएडरर : क्योंकि मैं उन्हें जानता हूँ। उनके विचारों में एक लयबद्धता है।

ह्यूगो : आप उन्हें जानते हैं ?

होएडरर : हाँ, तुमने इंजन की आवाज़ सुनी ?

ह्यूगो : नहीं, *(दोनों सुनते हैं।)* नहीं।

होएडरर : उनमें से किसी के लिए ये दीवार फाँदकर अन्दर घुसने के लिए यह अच्छा समय है। उसे उसका काम बढ़िया ढंग से करने का मौका मिल जाएगा।

ह्यूगो : *(धीमे से)* यह अच्छा समय होगा...

होएडरर : *(उसे देखते हुए)* तुम समझ रहे हो। उनके लिए अच्छा होगा कि मैं इन मेहमानों से न मिल पाऊँ। *(वो मेज़ की तरफ जाता है और अपने लिए शराब ढालता है)* तुम लोगे ?

ह्यूगो : नहीं धन्यवाद, (कुछ समय) आपको डर लग रहा है ?

होएडरर : किसका ?

ह्यूगो : मौत का।

होएडरर : नहीं, पर मैं जल्दी में हूँ। मैं हमेशा जल्दी में होता हूँ। पहले मुझे फर्क नहीं पड़ता था पर वैसा अब सम्भव नहीं।

ह्यूगो : आप उनसे कितनी घृणा करते होंगे ना।

होएडरर : क्यों भला ? राजनीतिक कातिलों से मेरा कोई सैद्धान्तिक मतभेद नहीं है। ऐसा तो सभी पार्टियों में होता है।

ह्यूगो : मुझे थोड़ी शराब दीजिए।

होएडरर : अरे ! *(आश्चर्यचकित होकर) (शराब का पात्र उठाता है और उसमें शराब ढालता है। ह्यूगो उस पर से नज़रें हटाए बिना ही शराब पी जाता है।)* क्या हुआ ? तुमने मुझे अब से पहले कभी नहीं देखा क्या ?

ह्यूगो : नहीं मैंने आपको कभी नहीं देखा।

होएडरर : तुम्हारे लिए मैं सीढ़ी के एक पायदान से ज्यादा कुछ नहीं हूँ, है ना ? बहुत ही सीधी-सी बात है। तुम मुझे अपने भविष्य में से देख रहे हो। तुम सोचते होगे, 'मैं इस भले आदमी के साथ दो या तीन साल गुजारूँगा और जब ये मारा जाएगा तो

मैं कहीं और चला जाऊँगा, कुछ और करूँगा।"

ह्यूगो : मुझे नहीं पता कि मैं कभी कुछ और करूँगा भी या नहीं।

होएडरर : बीस साल बाद तुम अपने दोस्तों से कहोगे, 'एक समय था जब मैं होएडरर का सचिव हुआ करता था।' बीस साल, बड़ी मजेदार बात है।

ह्यूगो : बीस साल बाद...

होएडरर : तो ?

ह्यूगो : ये बहुत लम्बा समय है।

होएडरर : क्यों ? क्या तुम्हें तपेदिक है ?

ह्यूगो : नहीं। मुझे थोड़ी शराब और दीजिए। *(होएडरर उसे शराब देता है।)* मुझे कभी नहीं लगा कि मैं कभी बूढ़ा भी होऊँगा। मैं भी जल्दी में हूँ।

होएडरर : तुम्हारी और मेरी, दोनों की परिस्थितियाँ एक जैसी नहीं हैं।

ह्यूगो : नहीं *(कुछ समय)* कभी मुझे लगता है कि मैं युवक से तुरन्त एक परिपक्व आदमी बनने के लिए अपना हाथ काटकर दे सकता हूँ और कभी मुझे लगता है कि मैं अपनी जवानी से ज्यादा जीना नहीं चाहूँगा।

होएडरर : मुझे नहीं पता कि जवानी क्या होती है।

ह्यूगो : ऐसा कैसे सम्भव है ?

होएडरर : मैं जानता ही नहीं कि जवानी क्या होती है। बचपन के बाद जवानी में कदम न रखकर मैं सीधा ही एक परिपक्व आदमी बन गया।

ह्यूगो : ये बुर्जुआ लोगों का रोग है। *(हँसता है)* कितने ही इससे मर भी जाते हैं।

होएडरर : तुम्हें मेरी मदद चाहिए ?

ह्यूगो : हूँ ?

होएडरर : तुम्हारी शुरुआत खराब हुई लगती है। तुम्हें मेरी मदद चाहिए ?

ह्यूगो : *(उछल पड़ता है)* आपको नहीं (बात सँभालता है) मेरी मदद कोई नहीं कर सकता।

होएडरर : *(उसकी तरफ बढ़ता हुआ)* सुनो छोटूराम *(वह रुकता है और आवाज सुनता है)* वो लोग आ पहुँचे। *(खिड़की की*

तरफ जाता है, ह्यूगो उसके साथ जाता है) लम्बे वाला कासर्की है, पेंटागन पार्टी का सचिव और मोटे वाला राजकुमार पॉल है।

ह्यूगो : राजप्रतिनिधि का लड़का ?

होएडरर : हाँ। *(उसके चेहरे का भाव बदल जाता है। वह उदासीन, कठोर और गहन आत्मविश्वास से परिपूर्ण लगने लगता है।)* तुमने कॉफी पी ली है। अपना गिलास मुझे दो। *(गिलास को बगीचे में उँड़ेलकर खाली कर देता हैं।)* जाओ बैठ जाओ, जो बातें हो वो सुनना और अगर मैं इशारा करूँ तो नोट कर लेना। *(खिड़की बन्द कर देता है और अपने डेस्क के सामने कुर्सी पर बैठ जाता है।)*

दृश्य-4

वही लोग, कासर्की, राजकुमार पॉल, स्लिक, जॉर्ज।

(दोनों आगन्तुक भीतर आते हैं, उनकी पीठ पर मशीनगन लगाए स्लिक और जॉर्ज, उन्हें पीछे से धकेल रहे हैं।)

कासर्की : मैं कासर्की हूँ।

होएडरर : *(बिना कुर्सी से उठे)* मैं आपको पहचानता हूँ।

कासर्की : आप जानते हैं कि मेरे साथ आनेवाले कौन हैं ?

होएडरर : जी हाँ।

कासर्की : तो अपने पट्ठों को बाहर भेज दीजिए।

होएडरर : सब ठीक है भई, तुम लोग वापस जाओ।

(स्लिक और जॉर्ज बाहर चले जाते हैं।)

कासर्की : *(व्यंग्यात्मक रूप में)* आपकी सुरक्षा-व्यवस्था तो काफी तगड़ी है।

होएडरर : अगर पिछले कुछ समय से मैंने सावधानी नहीं बरती होती तो आज मुझे आपका स्वागत करने का सौभाग्य नहीं मिल पाता।

कासर्की : *(ह्यूगो की तरफ मुड़ते हुए)* और ये ?

होएडरर : ये मेरा सचिव है। ये हमारे साथ ही रहेगा।

कासर्की : *(पास आते हुए)* आप ह्यूगो बारीन ही हैं ना ? *(ह्यूगो जवाब नहीं देता)* आप इन लोगों के साथ काम कर रहे हैं।

ह्यूगो : जी हाँ।

कासर्की : मैं पिछले सप्ताह ही आपके पिता से मिला था। क्या आपको अब भी उनके हाल-चाल जानने में दिलचस्पी है ?

ह्यूगो : जी नहीं।

कासर्की : बहुत सम्भव है कि उनकी मौत की जिम्मेदारी आपके सिर ही आए।

ह्यूगो : ये लगभग तय है कि मेरी जिन्दगी की जिम्मेदारी उनके सिर पर है। हम लोग अलग हो चुके हैं।

कासर्की : *(बिना आवाज ऊँची किए)* आप एक अभागे इंसान हैं।

ह्यूगो : ज़रा बताइए...

होएडरर : चुप हो जाओ। *(कासर्की से)* आप यहाँ मेरे सचिव का अपमान करने तो नहीं आए हैं ना ? कृपया बैठ जाइए। *(वो बैठ जाते हैं)* कोन्याक लेंगे ?

कोसर्की : जी नहीं, धन्यवाद।

राजकुमार : मैं लूँगा।

(होएडरर उसे शराब देता है।)

कोसर्की : तो आप हैं वह प्रसिद्ध होएडरर *(उसे देखता है)* परसों ही आपके आदमियों ने एक बार फिर हमारे आदमियों पर गोलियाँ चलाई थीं।

होएडरर : वो क्यों भला ?

कासर्की : बड़ी सीधी-सी बात है, एक गैरेज में हमारे हथियारों का भंडार था जिसे आपके आदमी हथियाना चाहते थे।

होएडरर : उन्होंने हथियार हथिया लिए ?

कासर्की : जी हाँ।

होएडरर : बहुत बढ़िया, शाबाश।

कासर्की : इसमें गर्व करने लायक कोई बात नहीं। हमारे एक की टक्कर में उनके पास दस आदमी थे।

होएडरर : पक्की बात है कि जब जीतने की इच्छा हो तो एक की

टक्कर में दस आदमी होने ही चाहिए।

कासर्की : इस बहस को यहीं छोड़ देते हैं, मुझे यकीन है कि इस विषय पर हम कभी एकमत नहीं होंगे, हम लोग एक ही जाति के नहीं हैं।

होएडरर : जाति तो एक ही है पर वर्ग अलग-अलग हैं।

राजकुमार : साहेबान, अब हम लोग मुद्दे की बात पर आएँ ?

होएडरर : ठीक है, मैं आपकी बात सुन रहा हूँ।

कासर्की : बल्कि आप कहिए, हम आपकी बात सुन रहे हैं।

होएडरर : कहीं कुछ गलतफहमी है।

कासर्की : बहुत सम्भव है। अगर मुझे यकीन नहीं होता कि आपके पास हमारे सामने रखने के लिए कोई ठोस प्रस्ताव है, तो मैंने आपसे मिलने आने का कष्ट नहीं उठाया होता।

होएडरर : मेरे पास कोई प्रस्ताव नहीं है।

कासर्की : बहुत बढ़िया। *(उठ जाता है)*

राजकुमार : साहेबान, मेरा निवेदन है कि आप लोग बैठ जाइए। कासर्की, ये एक खराब शुरुआत थी। क्या हम इस बैठक में थोड़ी सुस्पष्टता नहीं ला सकते ?

कासर्की : *(राजकुमार से)* सुस्पष्टता ? जब उसके दोनों पहरेदार कुत्ते हमें मशीनगनों से अपने आगे धकिया रहे थे तब आपने उसकी आँखें देखी थी ? ये लोग हमसे नफरत करते हैं। आपके जोर देने पर मैं इस मुलाकात के लिए राजी हो गया लेकिन मुझे पूरा यकीन है कि इससे कोई हल निकलनेवाला नहीं है।

राजकुमार : कासर्की, पिछले साल आपने मेरे पिता पर दो जानलेवा हमले करवाए और फिर भी मैं आपसे मिलने पर सहमत हो गया। शायद हमारे पास भी एक-दूसरे को पसन्द करने के बहुत अधिक कारण नहीं है फिर भी जब राष्ट्रीय हित की बात आती है तो हमारी व्यक्तिगत भावनाएँ गौण हो जाती हैं। *(कुछ समय)* पक्की बात है कि ये हित क्या है इस बारे में हम लोगों में सहमति नहीं है। होएडरर, आपने शायद खुद को कुछ ज्यादा ही कामगार वर्ग की वैध माँगों का अकेला प्रतिनिधि बना लिया है। मेरे पिता और मैं, जो

कि हमेशा से इन माँगों के पक्ष में थे, हम जर्मनों की परेशानी पैदा करनेवाली विचारधारा के कारण, उनकी तरफ पूरी तरह से ध्यान न दे सकने के लिए मजबूर हो गए थे क्योंकि हम ये बात अच्छी तरह समझ चुके थे कि हमारा सबसे पहला कर्त्तव्य अपने देश की रक्षा करना है, भले ही इसके लिए अलोकप्रिय कदम क्यों न उठाने पड़े।

होएडरर : आपका मतलब रूस के खिलाफ जंग का ऐलान करने से है ना।

राजकुमार : *(बात आगे बढ़ाते हुए)* दूसरी तरफ हैं कासर्की और उसके दोस्त, जो विदेश नीतियों पर हमारे दृष्टिकोण से सहमत नहीं हैं, उन्होंने शायद इस बात की जरूरत को कम करके आँका है कि विदेशियों के सामने इलिरिया को खुद को, एक नेता का अनुगमन करते, एक संगठित और मजबूत राष्ट्र के रूप में दिखाना चाहिए और उन्होंने एक गुप्त संघर्ष पार्टी बना ली। इस तरह अपने देश के लिए समान निष्ठा रखनेवाले, एक ही जैसे ईमानदार लोग, कर्त्तव्य की अपनी भिन्न-भिन्न धारणाओं के कारण क्षणिक रूप से स्वयं को एक-दूसरे से अलग-थलग पाते हैं *(होएडरर अशिष्ट ढंग से हँसने लगता है)* क्या हुआ ?

होएडरर : कुछ नहीं, जारी रखिए।

राजकुमार : आज परिस्थितिवश, अचानक ही सब लोग पास-पास आ गए हैं और ऐसा लगता है कि हममें से हरेक बाकियों के दृष्टिकोण को कहीं अधिक अच्छी तरह समझता है। मेरे पिता इस बेकार के खर्चीले युद्ध को जारी नहीं रखना चाहते। जाहिर है कि हम सिर्फ अपने लिए, किसी अलग शान्ति के निष्कर्ष पर पहुँचने में असमर्थ हैं पर मैं आपको इस बात की गारंटी दे सकता हूँ कि लोगों का सैनिक कार्रवाई में बहुत अधिक उत्साह बाकी नहीं रह गया है। अपनी तरफ से कासर्की का सोचना है कि अन्दरूनी बँटवारा हमारे देश के हित में नुकसानदायक होगा और हम सभी चाहते हैं कि आज की राष्ट्रीय एकता के आधार पर ही कल की शान्ति की नींव रखी जाए। जाहिर है कि

जर्मनों के सन्देहों के घेरे में आए बिना इस एकता को खुलकर स्वीकार नहीं किया जा सकेगा पर पहले से मौजूद गुप्त संगठनों में इसे अपने बराबरी के सहयोगी मिल जाएँगे।

होएडरर : और उसके बाद ?

राजकुमार : अह बस इतना ही। कासर्की और मैं हमारी सैद्धान्तिक सहमति की खुशखबरी आपको देना चाहते थे।

होएडरर : भला इससे मेरा क्या लेना-देना है ?

कासर्की : बहुत हुआ। हम अपना समय बर्बाद कर रहे हैं।

राजकुमार : *(अपनी बात को आगे बढ़ाते हुए)* यह अपने आप में स्पष्ट है कि ये एकता जितना सम्भव हो सके उतनी विस्तृत होनी चाहिए, अगर प्रोलेटेरियन पार्टी हमारे साथ जुड़ने की इच्छा दिखाए तो...।

होएडरर : आप क्या प्रस्ताव करते हैं ?

कासर्की : गुप्त राष्ट्रीय समिति, जो हम शुरू करनेवाले हैं, उसमें आपकी पार्टी की दो वोट रहेंगी।

होएडरर : कुल कितने में से दो वोट ?

कासर्की : कुल बारह में से दो वोट।

होएडरर : *(विनयमिश्रित आश्चर्य दर्शाते हुए)* बारह में से दो वोट ?

कासर्की : राजप्रतिनिधि अपने चार सलाहकार नियुक्त करेंगे और बाकी छः वोट पेंटागन पार्टी की होंगी। अध्यक्ष का चुनाव किया जाएगा।

होएडरर : *(उपहास करते हुए)* बारह में से दो वोट !

कासर्की : पेंटागन पार्टी के साथ देश की अधिकांश किसान आबादी या यूँ कहे कि कुल आबादी का सत्तावन प्रतिशत और तरकीबन पूरा बुर्जुआ वर्ग है। श्रमिक कामगार देश की आबादी का मुश्किल से बीस प्रतिशत है और वो भी पूरी तरह से आपके साथ नहीं है।

होएडरर : अच्छा। उसके बाद ?

कासर्की : हम लोग पुनर्गठन करेंगे। हमारे दो गुप्त संगठनों में आधारभूत विलयन किया जाएगा। आपके आदमी हमारे पेंटागन पार्टी वाले हिस्से में शामिल हो जाएँगे।

होएडरर : आप ये कहना चाहते हैं कि हमारी टुकड़ियाँ पेंटागन पार्टी में ज़ज्ब हो जाएँगी ?

कासर्की : समन्वय करने का यही बेहतरीन तरीका है।

होएडरर : वाकई में। विरोधियों में से एक को पूरी तरह समाप्त करके समन्वय करना। उसके बाद तो केन्द्रीय समिति में हमें सिर्फ दो वोट देना बिलकुल तार्किक हो जाता है। बल्कि ये अभी भी बहुत ज्यादा है जबकि इन दो वोटों से किसी का भी प्रतिनिधित्व नहीं किया जाना है।

कासर्की : आप इसे स्वीकार करने के लिए बाध्य नहीं हैं।

राजकुमार : *(जल्दी से)* लेकिन अगर आप इसे स्वीकार करते हैं तो सरकार प्रेस, श्रमिक संघ एकता और कामगार कार्ड के बारे में सन् उनचालीस के कानूनों को रद्द करने पर विचार कर सकती है।

होएडरर : कितना लुभावना है ! *(मेज पर हाथ मारता है)* ठीक है, हमारा परिचय हो गया है, अब काम की बात करते हैं। मेरी शर्तें ये हैं : सिर्फ छः सदस्यों की एक निदेशक समिति जिसमें से तीन वोट प्रोलेटेरियन पार्टी के, बाकी तीन वोट आप लोग अपने हिसाब से बाँट सकते हैं। गुप्त संगठन स्पष्ट रूप से अपनी अलग पहचान बनाए रखेंगे और केन्द्रीय समिति के एक वोट में ही वो लोग मिली-जुली कार्रवाई करेंगे। अब मर्जी आपकी है। स्वीकार करिए या अस्वीकार।

कासर्की : आप हमारा मज़ाक उड़ा रहे हैं ?

होएडरर : आप इसे स्वीकार करने को बाध्य नहीं हैं।

कासर्की : *(राजकुमार से)* मैंने आपसे पहले ही कहा था कि इन लोगों के साथ कदम मिलाकर नहीं चला जा सकता। हमारे पास देश का दो तिहाई हिस्सा है, धन है, हथियार हैं, प्रशिक्षित अर्द्ध सैनिक बल हैं और हमारे शहीदों द्वारा हमें दी गई नैतिक प्राथमिकताएँ भी हैं और इस तरफ हैं केन्द्रीय समिति में बड़े ही आराम से बहुमत की माँग करनेवाले मुट्ठी भर कंगाल लोग।

होएडरर : तो आपका जवाब ना है ?

कासर्की : हाँ, ये ना ही है। हम आपके बिना ही काम चला लेंगे।

होएडरर : तब आप तशरीफ ले जा सकते हैं। *(कासर्की एक क्षण हिचकता है, फिर दरवाज़े की तरफ बढ़ता है। राजकुमार अचल बैठा है)* राजकुमार की तरफ देखिए, कासर्की। वो आपसे अधिक चतुर हैं और वो बात समझ गए हैं।

राजकुमार : *(धीमे से, कासर्की से)* बिना परीक्षा किए इन प्रस्तावों को ठुकराया नहीं जा सकता।

कासर्की : *(उग्रता से)* ये प्रस्ताव नहीं, मूर्खतापूर्ण माँगें है जिन पर चर्चा करने से मैं इनकार करता हूँ *(लेकिन वो बाहर नहीं जाता, वहीं अचल खड़ा रहता है।)*

होएडरर : सन् बयालिस में पुलिस आपके और हमारे आदमियों के पीछे पड़ी थी। आपने राज प्रतिनिधि पर जानलेवा हमले करवाए और हम युद्ध-निर्माण को नष्ट करने में लगे हुए थे। पेंटागन पार्टी का कोई आदमी जब हमारे आदमी से मिलता था तो दोनों में से किसी एक का धराशायी होना तय होता था। आज अचानक आप चाहते हैं कि सब लोग आपस में गले मिलकर दोस्ती कर लें। क्यों भला ?

राजकुमार : देश के भले के लिए।

होएडरर : ये सन् बयालिस वाला ही 'भला' क्यों नहीं है ? (चुप्पी) क्या ऐसा इसलिए नहीं है कि रूसियों ने स्तालिनग्राद में पॉल्यूस को हरा दिया है और इसलिए भी कि जर्मन सेनाएँ युद्ध हार रही हैं ?

राजकुमार : ये बात साफ है कि युद्ध ने जो मोड़ लिया है, उससे एक नई परिस्थिति पैदा हो गई है लेकिन मैं ऐसा नहीं समझता कि...

होएडरर : बल्कि इसके उलटे, मुझे पूरा यकीन है कि आप अच्छी तरह से समझ रहे हैं। आप इलिरिया को बचाना चाहते हैं, इसका मुझे यकीन है। लेकिन आप उसे यथास्थिति में बचाना चाहते हैं, उसकी सामाजिक असमानता और वर्ग विशेष को विशेषाधिकार देनेवाले शासन के साथ। जब जर्मन विजेता के रूप में उभर रहे थे तो आपके पिता उनके पक्ष में थे और आज जब भाग्य ने पलटा खाया तो वो

रूसियों से सुलह करने की कोशिश करने लगे। ये और अधिक मुश्किल है।

कासर्की : होएडरर, जर्मनों से लड़ते हुए हमारे बहुत लोग मारे गए हैं और मैं आपको ये कहने की इज़ाजत नहीं दूँगा कि अपने विशेषाधिकारों को बचाने के लिए हमने दुश्मन से सन्धि कर ली।

होएडरर : मैं जानता हूँ, कासर्की। पेंटागन पार्टी जर्मनों के विरोध में थी। आप कुछ बेहतर स्थिति में हैं। राजप्रतिनिधि हिटलर को धन दे रहे थे ? ताकि उसे इलिरिया पर हमला करने से रोका जा सके। आप रूसियों के भी विरोध में थे क्योंकि रूसी दूर थे। 'इलिरिया, केवल इलिरिया,' मैं यह गीत जानता हूँ। दो साल तक आप राष्ट्रवादी बुर्जुआ लोगों के सामने ये गीत गाते रहे लेकिन अब रूसी निकट आ पहुँचे हैं। एक साल से भी कम समय में वो लोग यहाँ होंगे। इलिरिया अब और अधिक, पहले की तरह अकेला नहीं रह जाएगा। उसके बाद ? उसके बाद कोई नई गारंटी ढूँढ़नी पड़ेगी। कितना अच्छा होता अगर आप उन्हें कह सकते कि पेंटागन पार्टी आपके लिए काम करती रही है और राजप्रतिनिधि दोहरा खेल खेल रहे थे। एकमात्र समस्या ये होगी कि वो आपका यकीन करने को बाध्य नहीं होंगे। वो क्या करेंगे ? हुँ ? वो क्या करेंगे ? जबकि हमने उनके विरुद्ध जंग का ऐलान किया था।

राजकुमार : मेरे प्यारे होएडरर, जब वो लोग जानेंगे कि हमने पूरी ईमानदारी से...

होएडरर : जब वो लोग जानेंगे कि एक फॉसिस्ट तानाशाह और एक रूढ़िवादी पार्टी ने पूरी 'ईमानदारी' से अपनी रक्षा के लिए, उनकी जीत की राह में रोड़े अटकाए, तो मुझे सन्देह है कि वे बहुत अधिक आभारी नहीं होंगे। *(कुछ समय)* सिर्फ एक पार्टी ने रूसियों का विश्वास कायम रखा, सिर्फ एक पार्टी ने पूरे युद्ध के दौरान उनसे सम्पर्क बनाए रखा, सिर्फ एक पार्टी सीमा पार अपने सन्देशवाहक भेज सकती है, सिर्फ एक पार्टी आपके इस छोटे से गठबन्धन की सुरक्षा

की गारंटी दे सकती है और वो है हमारी पार्टी। जब रूसी यहाँ आएँगे तो वो पूरे दृश्य को हमारी आँखों से देखेंगे। *(कुछ समय)* देख लीजिए, हमारी बताई राह पर चलने के अलावा आपके पास और कोई रास्ता नहीं।

कासर्की : मुझे यहाँ आने से इनकार कर देना चाहिए था।

राजकुमार : कासर्की !

कासर्की : मुझे ये अनुमान कर लेना चाहिए था कि हमारे ईमानदार प्रस्तावों का जवाब आप धमकियों से देंगे।

होएडरर : चीखिए ! उससे मुझे कोई फर्क नहीं पड़ता। उस सुअर की तरह चीखिए जिसकी गर्दन काटी जा रही हो पर इतना याद रखिए कि अगर हम लोगों ने मिलकर काम किया तो रूसियों के आने पर आप और हम दोनों शक्तियों का बराबर बँटवारा करेंगे। लेकिन अगर हम किसी समझौते पर नहीं पहुँचते हैं तो युद्ध के अन्त में हमारी पार्टी अकेले ही शासन करेगी। अब चुनाव आपके हाथ में है।

कासर्की : मैं...

राजकुमार : *(कासर्की से)* हिंसा से कोई हल निकलनेवाला नहीं। परिस्थितियों को थोड़ा व्यावहारिक होकर देखना चाहिए।

कासर्की : *(राजकुमार से)* आप कायर हैं। आप अपनी जान बचाने के लिए मुझे इस पिंजरे में फँसाने ले आए।

होएडरर : कौन-सा पिंजरा ? आप जब चाहें बाहर जा सकते हैं। राजकुमार के साथ किसी समझौते पर पहुँचने के लिए मुझे आपकी जरूरत नहीं है।

कासर्की : *(राजकुमार से)* आप ऐसा तो नहीं करने जा...

राजकुमार : और भला क्यों नहीं ? अगर आपको ये गठबन्धन पसन्द नहीं तो हम आपको इसमें भाग लेने के लिए मजबूर नहीं करनेवाले, पर मेरा निर्णय आपके निर्णय पर निर्भर नहीं है।

होएडरर : बिना कहे ही स्पष्ट है कि हमारी पार्टी का राजप्रतिनिधि की सरकार से सहयोग, युद्ध के आखिरी महीनों में पेंटागन पार्टी को मुश्किल में डाल देगा; ये भी स्पष्ट है जर्मनों की हार के बाद हम इसे हमेशा के लिए समाप्त करने की

कार्रवाई करेंगे लेकिन चूँकि आप पवित्र बने रहने पर अड़े हुए हैं...

कासर्की : हम अपने देश की आजादी के लिए तीन साल तक लड़े है, हमारे उद्देश्य के लिए हजारों जवान शहीद हो गए, हमने संसार से सम्मान हासिल किया। ये सब इसलिए कि एक दिन जर्मन, रूसियों से मिल जाएँ और हमें घने जंगल के किसी अँधेरे कोने में मार डालें।

होएडरर : कासर्की, भावुक मत होइए, आप हारे क्योंकि आपकी हार निश्चित थी : शक्तिशाली पड़ोसियों से घिरे एक छोटे-से देश को बचाने के लिए 'इलिरिया केवल इलिरिया' का नारा एक कमजोर ढाल है। *(कुछ समय)* आपको मेरी शर्तें स्वीकार हैं ?

कासर्की : मेरे पास स्वीकार करने का अधिकार नहीं है। मैं अकेला नहीं हूँ।

होएडरर : मैं जरा जल्दी में हूँ, कासर्की।

राजकुमार : मेरे प्यारे होएडरर, शायद हम उसे विचार करने का समय दे सकते हैं। युद्ध अभी समाप्त नहीं हुआ है और इसमें अभी तकरीबन आठ-दस दिन और लगेंगे।

होएडरर : मेरे पास आठ दिन का ही समय है। कासर्की, मैं आपका यकीन करता हूँ। मैं हमेशा लोगों का यकीन करता हूँ। मेरा यही उसूल है। मैं जानता हूँ कि आपको अपने दोस्तों से विचार-विमर्श करना पड़ेगा। पर मैं ये भी जानता हूँ कि आप उन्हें सहमत कर लेंगे। अगर आप आज मुझे इन सिद्धान्तों पर सहमति दे देते हैं तो मैं कल ही पार्टी के साथियों से बात करूँगा।

ह्यूगो : *(अचानक उठ खड़ा होता हुआ)* होएडरर !

होएडरर : क्या हुआ ?

ह्यूगो : आपकी हिम्मत कैसे हुई...?

होएडरर : चुप रहो।

ह्यूगो : आपको इसका अधिकार नहीं है। ये लोग, मेरे प्रभु ये वही लोग हैं जो मेरे पिता के घर आते थे। वही बुझे हुए और छिछोरे चहेरे और...और इन्होंने यहाँ तक मेरा पीछा नहीं

छोड़ा। आपको पार्टी की तरफ से ये निर्णय लेने का अधिकार नहीं है। ये लोग सब जगह घुस जाते हैं, ये सब कुछ बरबाद कर डालेंगे, ये सबसे शक्तिशाली हैं...

होएडरर : तुम जरा अपना मुँह बन्द रखोगे।

ह्यूगो : आप दोनों कान खोलकर सुन लीजिए, इस गठबन्धन को बनाने में पार्टी इनके साथ नहीं है। अपना मुँह उजला करने के लिए इन पर निर्भर मत कीजिए, पार्टी इनका साथ नहीं देगी।

होएडरर : *(शान्तिपूर्वक बाकी दोनों से)* इसकी बात पर ध्यान मत दीजिए। ये एक व्यक्तिगत प्रतिक्रिया है।

राजकुमार : ठीक है, पर वो बहुत शोर कर रहा है। क्या आपके अंगरक्षकों से इस जवान को बाहर करने के लिए नहीं कहा जा सकता ?

होएडरर : उसकी जरूरत नहीं पड़ेगी, वो खुद चला जाएगा।

(वो उठता है और ह्यूगो की तरफ बढ़ता है।)

ह्यूगो : *(पीछे हटता हुआ)* मुझे हाथ मत लगाइए। *(वो रिवाल्वरवाली जेब में हाथ डालता है)* आप लोग मेरी बात नहीं सुनना चाहते ? आप मेरी बात नहीं सुनना चाहते न ?

(इसी समय एक तेज धमाका सुनाई पड़ता है, खिड़कियों के शीशों की किरचें उड़ती हैं और चौखटें उखड़ जाती हैं।)

होएडरर : लेट जाओ। *(वो ह्यूगो को कन्धों से पकड़कर फर्श पर गिरा देता है। बाकी दोनों भी पेट के बल गिर जाते हैं।)*

दृश्य-5

(वही लोग, लियोन, स्लिक, जॉर्ज दौड़ते हुए भीतर आते हैं, बाद में जेसिका भी।)

स्लिक : तुम्हें चोट आई है ?

होएडरर : *(उठते हुए)* नहीं। किसी को चोट तो नहीं आई ? *(कासर्की से, जो अब तक उठ चुका है)* आपका तो खून

बह रहा है ?

कासर्की : कोई खास बात नहीं। सिर्फ काँच की किरचें हैं।

जॉर्ज : हथगोला ?

होएडरर : हथगोला या बम लेकिन उनका निशाना थोड़ा चूक गया। बागीचे में ढूँढ़ो।

ह्यूगो : *(खिड़क की तरफ मुड़कर अपने आप से)* हरामी ! हरामी कहीं के। *(लियोन और जॉर्ज खिड़की से बाहर कूदते हैं।)*

होएडरर : *(राजकुमार से)* मैं इसी तरह की किसी घटना की उम्मीद कर रहा था पर मुझे अफसोस है कि उन्होंने ये समय चुना।

राजकुमार : ओह, इससे मुझे मेरे पिता का महल याद आ गया। कासर्की ये तुम्हारे आदमियों का काम है ?

कासर्की : आपका दिमाग खराब है ?

होएडरर : उनका निशाना मैं था। इससे किसी और का कुछ लेना-देना नहीं। *(कासर्की से)* देखा आपने, सावधानी बरतना बेहतर है। *(उसे देखता है)* आपका तो बहुत ज्यादा खून बह रहा है।

जेसिका : *(भीतर आती है, साँस फूली हुई है।)* होएडरर मारा गया ?

होएडरर : आपके पति सुरक्षित हैं। *(कासर्की से)* लियोन आपको मेरे कमरे में ले जाएगा और आपको पट्टी बाँध देगा और उसके बाद हम बातचीत जारी रखेंगे।

स्लिक : आप सबको ऊपर चलना चाहिए क्योंकि वे लोग दुबारा कोशिश कर सकते हैं। लियोन उन्हें पट्टी बाँधता रहेगा और आप लोग बातें करते रहिएगा।

होएडरर : ऐसा ही सही।

(जॉर्ज और लियोन खिड़की से भीतर आते हैं।) क्या रहा ?

जॉर्ज : बम। बागीचे से फेंका गया था और वे लोग इसे फेंककर भाग निकले। सब कुछ दीवार ने झेल लिया।

ह्यूगो : हरामी कहीं के !

होएडरर : ऊपर चलते हैं *(वो उन्हें दरवाज़े की तरफ ले जाता है, ह्यूगो उनके पीछे जाने लगता है)* तुम नहीं। *(दोनों*

एक-दूसरे को देखते हैं फिर होएडरर मुड़ता है और बाहर चला जाता है।)

दृश्य-6

ह्यूगो, जेसिका, जॉर्ज और स्लिक

ह्यूगो : *(दाँत भींचकर बुदबुदाता है)* हरामी कहीं के !

स्लिक : क्या ?

ह्यूगो : बम फेंकनेवाले। *(अपने लिए शराब ढालने लगता है।)*

स्लिक : घबरा गए हो ?

ह्यूगो : ऊँह।

स्लिक : शरमाने की बात नहीं है। यह अग्नि बपतिस्मा है। आदत हो जाएगी।

जॉर्ज : हमें तुम्हें बता देना चाहिए। आगे चलकर ये दूसरी चीजों की तरफ से ध्यान हटा देता है। नहीं क्या स्लिक ?

स्लिक : ये आदमी को बदल देता है। उसकी नींद उड़ा देता है, टाँगों का दम निकाल देता है।

ह्यूगो : मैं घबराया नहीं हूँ। मुझे गुस्सा आ रहा है। *(पीता है)*

जेसिका : किस पर मेरे प्यारे छोटूराम ?

ह्यूगो : बम फेंकनेवाले हरामियों पर।

स्लिक : तुम बहुत संवेदनशील हो, हमें अब गुस्सा नहीं आता।

जॉर्ज : ये हमारी रोजी-रोटी है। अगर वो लोग नहीं होते तो हम लोग भी यहाँ नहीं होते।

ह्यूगो : देखा, सभी लोग शान्त हैं। सभी सन्तुष्ट। कटे हुए सुअर की तरह उसका खून बह रहा है, वो मुस्कुराते हुए अपना चेहरा पोंछता है और कहता है 'कोई खास बात नहीं है।' ये लोग बड़े साहसी हैं। ये लोग धरती के सबसे बड़ी रंडी की औलाद हैं और इनमें साहस है। यही बात इनसे आखिरी हद तक नफरत करने से रोकती है। *(उदास होकर)* इस बात से दिमाग खराब हो जाता है। *(पीता है)* अच्छाइयों और बुराइयों का बँटवारा उचित

ढंग से नहीं हुआ।

जेसिका : तुम कायर नहीं हो, प्रिय।

ह्यूगो : मैं कायर नहीं हूँ पर मैं बहादुर भी नहीं हूँ। घबरा जाता हूँ। काश कि मैं सोने जाता और स्लिक जैसा होने का ख्वाब देखता। सौ किलो का मांसल शरीर और बादाम जितना दिमाग। किसी व्हेल मछली जैसा। ऊपर से बादाम जैसा दिमाग भय और क्रोध के संकेत भेजता तो है लेकिन वो इस मांस पिंड में खो जाते हैं। उनसे इसे गुदगुदी भर होती है।

स्लिक : *(हँसते हुए, जॉर्ज से)* उसकी बात सुनी।

(ह्यूगो पीता है।)

जॉर्ज : *(हँसते हुए)* गलत नहीं कह रहा।

जेसिका : ह्यूगो।

ह्यूगो : हूँ ?

जेसिका : और मत पिओ।

ह्यूगो : क्यों भला ? अब मेरे लिए कुछ करना बाकी नहीं बचा है। मैं अपने सब कर्त्तव्यों से मुक्ति पा चुका हूँ।

जेसिका : होएडरर ने तुम्हें निकाल दिया है ?

ह्यूगो : होएडरर, होएडरर की बात कौन कर रहा है। तुम होएडरर के बारे में जो चाहे सोचो लेकिन वही अकेला आदमी है जिसने मेरा यकीन किया। हर आदमी ऐसा नहीं कर सकता। *(पीता है और स्लिक की ओर जाता है।)* ऐसे भी लोग इस दुनिया में हैं जो तुम्हें गोपनीय मिशन सौंपते हैं और इसे पूरा करने के लिए तुम्हारा पिछोड़ा लतियाते रहते हैं और फिर जब तुम सफल होने ही वाले होते हो तब पता चलता है कि उन्होंने तुम्हारी ऐसी-तैसी कर वो काम दूसरों से करवा लिया।

जेसिका : तुम चुप करोगे ? उन्हें हमारी घरेलू बातें मत बताओ।

ह्यूगो : घरेलू बातें ? हा *(हँसी उड़ाते हुए)* वो भी कमाल की होशियार है।

जेसिका : वो मेरे बारे में बात कर रहा है। दो साल से वो मुझे उसका यकीन न करने के लिए ताने मारता रहता है।

ह्यूगो : *(स्लिक से)* इसकी उल्टी खोपड़ी देखी, हूँ ? *(जेसिका से)* नहीं, तुम मेरा यकीन नहीं करती। क्या तुम मेरा यकीन करती हो ?

जेसिका : इस समय तो बिलकुल नहीं।

ह्यूगो : कोई भी मेरा यकीन नहीं करता। जरूर मेरी शक्ल में ही कुछ खराबी होगी। मुझसे कहो कि तुम मुझसे प्यार करती हो।

जेसिका : इन लोगों के सामने नहीं।

स्लिक : हमारी तरफ से परेशान मत होइएगा।

ह्यूगो : वो मुझे प्यार नहीं करती, वो जानती ही नहीं कि प्यार किस चिड़िया का नाम है। वो देवदूत है, नमक की एक मूर्ति।

स्लिक : नमक की मूर्ति ?

ह्यूगो : नहीं, मेरा मतलब था बर्फ की मूर्ति। अगर उसे सहलाओ तो वे पिघल जाती है।

जॉर्ज : ये तो सच ही होना चाहिए।

जेसिका : आओ ह्यूगो, घर चलें।

ह्यूगो : रुको, पहले मैं स्लिक को एक सलाह दे दूँ। मैं उसे बहुत मानता हूँ। उसे पसन्द करता हूँ क्योंकि वो मजबूत है और वो दिमाग को कष्ट नहीं देता है। तुम्हें सलाह की जरूरत है स्लिक। अगर...इससे बचाव का कोई रास्ता नहीं...

ह्यूगो : सुनो। कम उम्र में शादी मत करना।

स्लिक : मुझे तो इसमें कोई खतरा नजर नहीं आता।

ह्यूगो : *(मदहोश होने लगता है)* नहीं पर सुनो। कम उम्र में शादी मत करना। मैं जो कह रहा हूँ तुम समझ रहे हो ना, हूँ ? कम उम्र में शादी मत करना। ऐसे काम की जिम्मेदारी मत लेना जो तुम कर नहीं सकते। बाद में, बोझ बहुत बढ़ जाता है। सब कुछ इतना भारी। पता नहीं। तुमने ध्यान दिया कि नहीं। जवान होना आसान नहीं। *(हँसता है)* गोपनीय मिशन ? कहो तो, विश्वास है कहाँ ?

जॉर्ज : कौन-सा मिशन ?

ह्यूगो : मुझे मिशन सौंपा गया था।

जॉर्ज : कौन-सा मिशन ?

ह्यूगो : वो मुझसे उगलवाना चाहते हैं पर वो सिर्फ अपना समय बर्बाद कर रहे हैं। मैं अभेद हूँ *(खुद को शीशे में देखता है)* अभेद। पूरी तरह से भावहीन चेहरा। दुनिया के बाकी सब लोगों जैसा ही। ये दिखाई पड़ना चाहिए, मेरे प्रभु, ये दिखाई पड़ना चाहिए।

जॉर्ज : क्या ?

ह्यूगो : कि मुझे एक गोपनीय मिशन सौंपा गया है।

जॉर्ज : स्लिक ?

स्लिक : हुम्म...

जेसिका : *(शान्तिपूर्वक)* अपना दिमाग खराब मत करो। इसका मतलब है कि मैं माँ बननेवाली हूँ। वो ये देखने के लिए शीशा देख रहा है कि क्या वो परिवार के मुखिया, एक पिता की तरह दिखता है।

ह्यूगो : बहुत अच्छा। परिवार का मुखिया, पिता। यही बात है। बिलकुल यही बात है। परिवार का मुखिया। वो और मैं, हम दोनों एक-दूसरे की बात बिना कहे समझ जाते हैं। अभेद, परिवार के मुखिया को ऐसा ही होना चाहिए। चेहरे पर एक विशेष भाव, मुँह में एक खास स्वाद, दिल में कँटीली तार *(पीता है)* बेचारा होएडरर, उसके लिए मुझे अफसोस है क्योंकि तुम्हें बताऊँ कि वही मेरी मदद कर सकता था *(हँसता है)* भला कहिए तो, वो लोग ऊपर बकवास कर रहे हैं और लियोन कासर्की के गन्दे थोबड़े को धो रहा है। लेकिन तुम लोग तो भावनाहीन लट्ठे हो ना ? मुझ पर गोली चलाओ।

स्लिक : *(जॉर्ज से)* इस छुटके को पीना नहीं चाहिए।

जॉर्ज : वो इसे झेल नहीं पाता।

ह्यूगो : मैं कहता हूँ कि मुझ पर गोली चलाओ। यही तुम लोगों का व्यवसाय है। सुनिए, परिवार का पिता कभी भी सचमुच परिवार का पिता नहीं होता है। एक कातिल कभी भी पूरी तरह कातिल नहीं होता है। वो खेल खेलते हैं, आप समझे। जबकि कोई मुर्दा सचमुच का मुर्दा ही होता है।

अस्तित्व रहे या नहीं। हूँ ? आप समझ रहे हैं ना कि मैं क्या कहना चाहता हूँ ? जमीन में छः फुट गहरे गढ़े में पड़े मुर्दे के सिवा मैं और कुछ नहीं हो सकता। मैं बताऊँ ये सब एक खेल है। *(अचानक रुक जाता है।)* और ये सब। सभी कुछ। जो कुछ भी मैं कह रहा हूँ, वो सब भी एक खेल है। शायद आपको लग रहा होगा कि मैं निराश हूँ। बिलकुल नहीं, मैं निराश होने का खेल कर रहा हूँ। क्या ये खेल कभी बन्द भी होगा ?

जेसिका : तुम घर चल रहे हो ?

ह्यूगो : रुको, नहीं। पता नहीं ! कैसे कहा जाए कि मैं घर चलना चाहता हूँ कि नहीं ?

जेसिका : *(गिलास भरते हुए)* ठीक है, तब पिओ।

ह्यूगो : ठीक है। *(पीता है।)*

स्लिक : आपका दिमाग ठीक है जो आप उसे और पिला रही हैं ?

जेसिका : सिर्फ इसलिए कि ये सब जल्दी निबट जाए। इन्तजार करने के सिवा अब और कुछ नहीं किया जा सकता।

ह्यूगो : *(गिलास खाली करता है, जेसिका उसे दोबारा भरती है।)*

ह्यूगो : *(मदहोश होकर)* तो मैं क्या कह रहा था ? मैं कातिलों के बारे में बात कर रहा था ? जेसिका और मुझे पता है कि इसका क्या मतलब है। सच तो ये है कि इसके अन्दर बहुत हलचल है। *(अपने माथे पर हाथ मारता है)* मुझे शान्ति चाहिए *(स्लिक से)* कितना अच्छा होता अगर मेरी खोपड़ी भी तुम्हारे जैसी होती। कोई शोर नहीं, सिर्फ एक काली रात। आप इस तरह से चक्कर क्यों खा रहे हैं ? हँसिए मत : मैं जानता हूँ कि मैं मदहोश हूँ, मैं जानता हूँ कि मैं बहुत घृणित हूँ। आपको बताऊँ कि मैं जो हूँ, मैं वो बिलकुल नहीं होना चाहता। अरे नहीं। बिलकुल भी नहीं। चक्कर खाना बन्द कीजिए। सिर्फ पलीता सुलगाने की देर है। ये कोई बड़ा काम नहीं पर ये काम मैं तुम लोगों के ऊपर नहीं डालना चाहता। सिर्फ एक पलीता सुलगाना और सब कुछ निबट जाएगा। सिर्फ एक पलीता। उसके बाद पूरी दुनिया उड़ जाएगी और साथ ही मैं भी। किसी

बहाने की कोई जरूरत नहीं। सिर्फ शान्ति और अँधियारी रात। अगर मुर्दे भी खेल न खेलने लगे तो ! मान लीजिए हम मर जाएँ और फिर पता लगे कि असल में मुर्दे तो जिन्दा हैं जो कि सिर्फ मुर्दा होने का खेल कर रहे हैं। देखेंगे ! देखेंगे ! सिर्फ पलीता सुलगाना पड़ेगा। इसके लिए यही सही समय है। *(हँसता है।)* लेकिन चक्कर मत खाना वर्ना मैं भी चक्कर खाने लगूँगा। *(मुड़ने की कोशिश करता है और एक कुर्सी पर गिर पड़ता है)* और ये है बुर्जुआ शिक्षा के फायदे। *(उसका सिर हिलने लगता है, जेसिका पास आती है और उसे देखती है।)*

जेसिका : ठीक है। निबट गया। क्या आप उसे पलंग तक ले चलने में मेरी मदद करेंगे ?

स्लिक : *(अपनी खोपड़ी खुजाते हुए उसे देखता है)* आपका पति बहुत बक-बक करता है।

जेसिका : आप उसे नहीं जानते। जो कुछ भी उसने कहा, सब बकवास है।

(स्लिक और जॉर्ज उसे कन्धों और पाँवों से पकड़कर उठाते हैं।)

(पर्दा गिरता है।)

अंक पाँच

पैवेलियन में

ह्यूगो पूरे कपड़े पहने ही अपने पलंग पर बिछा पड़ा है। एक चादर से ढका सो रहा है। हिलता है और नींद में ही कराहता है। जेसिका उसके सिरहाने अचल बैठी है। वो फिर कराहता है, वो उठकर गुसलख़ाने जाती है। पानी के गिरने की आवाज। ओल्गा खिड़की के पर्दों के पीछे छुपी हुई है। पर्दे हटाकर झाँकती है। कमरे में किसी को न पाकर निश्चिन्त होती है और ह्यूगो के पास आती है। उसे देखती है। ह्यूगो कराहता है। ओल्गा तकिए पर उसका सिर सीधा करती है। इसी बीच जेसिका आती है और ये दृश्य देखती है। जेसिका ने एक भीगी गद्दी पकड़ी हुई है।

दृश्य-1

ह्यूगो, जेसिका, बाद में ओल्गा

जेसिका : आप कितनी भली हैं ! नमस्कार मैडम।

ओल्गा : चीखना मत। मैं...

जेसिका : मेरी चीखने की कोई मंशा नहीं है। आप बैठ जाइए। बल्कि मुझे तो हँसने की इच्छा हो रही है।

ओल्गा : मैं ओल्गा लारोम हूँ।

जेसिका : मुझे अन्दाजा हो गया था।

ओल्गा : ह्यूगो ने आपसे मेरे बारे में बात की थी ?

जेसिका : हाँ।

ओल्गा : वो घायल हैं ?

जेसिका : नहीं, नशे में है। *(ओल्गा के सामने से गुजरते हुए)* माफ कीजिए। *(गद्दी को ह्यूगो के माथे पर रखती है।)*

ओल्गा : इस तरह से नहीं।

(गद्दी को ठीक से व्यवस्थित करती है।)

जेसिका : माफ कीजिए।

ओल्गा : और होएडरर ?

जेसिका : होएडरर ? लेकिन बैठिए तो *(ओल्गा बैठ जाती है)* ये बम आपने फेंका था, मैडम ?

ओल्गा : हाँ।

जेसिका : कोई मारा नहीं गया। अगली बार शायद भाग्य आपका साथ दे। आप भीतर कैसे आईं ?

ओल्गा : दरवाज़े से। बाहर जाते समय आप इसे खुला छोड़ गई थीं। दरवाज़ों को कभी खुला नहीं छोड़ना चाहिए।

जेसिका : *(ह्यूगो की तरफ इशारा करते हुए)* आप जानती थीं कि वो कार्यालय में था ?

ओल्गा : नहीं।

जेसिका : लेकिन आप जानती थी कि वो वहाँ हो सकता है ?

ओल्गा : ये खतरा तो उठाना ही पड़ता।

जेसिका : किस्मत ने आपका थोड़ा साथ दिया होता तो आपने उसे मार ही डाला होता।

ओल्गा : वही बेहतर होता।

जेसिका : सचमुच ?

ओल्गा : पार्टी गद्दारों को ज्यादा पसन्द नहीं करती।

जेसिका : ह्यूगो गद्दार नहीं है।

ओल्गा : मुझे तो इस बात का यकीन है पर मैं दूसरों को इस बात का यकीन करने को मजबूर नहीं कर सकती। *(कुछ समय)* ये मामला लम्बा खिंच रहा है। इसे एक हफ्ते पहले ही निबट जाना चाहिए था।

जेसिका : सही मौका तलाशना पड़ता है।

ओल्गा : मौके तलाशे नहीं जाते, पैदा किए जाते हैं।

जेसिका : आपको पार्टी ने यहाँ भेजा है ?

ओल्गा : पार्टी को नहीं पता कि मैं यहाँ हूँ। मैं खुद आई हूँ।

जेसिका : अच्छा, तो ये बात है ? आपने अपने झोले में एक बम डाला और बड़ी खुशी-खुशी ह्यूगो पर बम फेंकने चली आईं ताकि उसकी प्रतिष्ठा बच जाए।

ओल्गा : अगर मैं सफल हो जाती तो वो लोग ये समझते कि होएडरर के साथ-साथ उसने खुद को भी उड़ा दिया।

जेसिका : हाँ, लेकिन वो मारा जाता।

ओल्गा : चाहे वो कोई भी तरीका क्यों न अपनाए, अब उसके जिन्दा बचने की बहुत अधिक सम्भावना नहीं है।

जेसिका : मानना पड़ेगा कि उसके लिए आपकी दोस्ती बहुत गहरी है।

ओल्गा : यकीनन आपके प्यार से अधिक गहरी। *(दोनों एक-दूसरे को देखती हैं)* आपने ही उसे अपना काम करने से रोक दिया ?

जेसिका : मैंने किसी भी चीज को नहीं रोका।

ओल्गा : लेकिन आपने इसमें मदद भी नहीं की।

जेसिका : मैं मदद क्यों करती ? पार्टी में शामिल होने से पहले क्या उसने मुझसे सलाह ली थी ? और जब उसने ये तय किया कि उसकी जिन्दगी में एक अजनबी को उड़ाने से बेहतर कोई काम नहीं था, तब क्या उसने मुझसे सलाह ली थी ?

ओल्गा : उसने आपसे सलाह क्यों की होती ? और वैसे भी आप उसे क्या सलाह दे सकती थी ?

जेसिका : जाहिर है कि कोई नहीं।

ओल्गा : उसने इस पार्टी में शामिल होना तय किया; उसने खुद इस मिशन पर जाने का प्रस्ताव किया। आपके लिए इतना काफी होना चाहिए।

जेसिका : मगर मेरे लिए इतना ही काफी नहीं।

(ह्यूगो कराहता है।)

ओल्गा : उसकी तबियत ठीक नहीं है। आपको उसे पीने नहीं देना चाहिए था।

जेसिका : अगर आपके बम का कोई छर्रा उसके चेहरे में धँस जाता तो उसकी हालत और भी बुरी होती *(कुछ समय)* अफसोस

कि उसने आप से शादी नहीं की : उसे एक दिमागदार औरत चाहिए थी। वो घर में आपके अन्तर्वस्त्रों पर प्रेस करता रहता और आप चौराहों पर बम फेंकती फिरती और हम सब खुशी-खुशी रहते। *(उसे देखती है)* मुझे लगता था कि आप लम्बी और बहुत दुबली-पतली होंगी।

ओल्गा : शायद सोचा हो कि मूँछे भी होंगी ?

जेसिका : मूँछें तो नहीं पर नाक के नीचे एक मस्सा तो मैंने सोच रखा था। आपके घर से निकल कर वो हमेशा खुद को बहुत महत्त्वपूर्ण महसूस करता था। वो कहा करता था, 'हमने राजनीति पर बातें की।'

ओल्गा : जाहिर है कि वो आपके साथ कभी इस विषय पर बात नहीं करता होगा।

जेसिका : आपको ऐसा तो नहीं लगता कि उसने राजनीति पर बातें करने के लिए ही मुझसे शादी की थी। *(कुछ समय)* आप उससे प्यार करती हैं, सच है ना ?

ओल्गा : यहाँ बीच में प्यार कहाँ से आ गया ! आप नॉवल बहुत पढ़ती हैं।

जेसिका : जब राजनीति में रुचि न हो तो किसी-न-किसी चीज में तो खुद को व्यस्त रखना ही पड़ेगा।

ओल्गा : यकीन रखिए। प्यार मेरे जैसी औरतों को बहुत परेशान नहीं करता। हम उसके बिना भी जिन्दा रह सकती हैं।

जेसिका : मतलब कि मैं नहीं रह सकती ?

ओल्गा : सभी दिल की बात सुननेवाली औरतों की तरह ही।

जेसिका : मैं दिल की बात सुननेवाली औरत होना पसन्द करूँगी। मुझे आपकी बुद्धिमत्ता से अपनी भावनाएँ अधिक प्यारी हैं।

ओल्गा : बेचारा ह्यूगो।

जेसिका : हाँ, बेचारा ह्यूगो। आप मुझसे कितनी नफरत करती होंगी ना, मैडम।

ओल्गा : कौन मैं ? मेरे पास इस काम में बर्बाद करने को वक्त नहीं है। *(चुप्पी)* उसे जगा दीजिए। मुझे उससे कुछ बातें करनी हैं।

जेसिका : *(उसके पास जाती है और उसे हिलाती है।)* ह्यूगो, ह्यूगो। तुमसे मिलने कोई आया है।

ह्यूगो : क्या ? *(उठ बैठता है)* ओल्गा, ओल्गा, तुम आ गई। मुझे खुशी हुई कि तुम आ गई। तुम्हें मेरी मदद करनी पड़ेगी। *(पलंग की पाटी पर बैठ जाता है।)* हे भगवान्, मेरे सिर में कितना दर्द है। हम हैं कहाँ ? मुझे खुशी है कि तुम आई। रुको, कुछ घटा था, कोई एक बड़ी भयानक घटना। अब तुम मेरी और मदद नहीं कर सकती। बम तुमने ही फेंका था ना ?

ओल्गा : हाँ।

ह्यूगो : तुम लोगों ने मेरा यकीन क्यों नहीं किया ?

ओल्गा : ह्यूगो, पन्द्रह मिनट में एक कामरेड दीवार के ऊपर से रस्सी फेंकेगा और मुझे जाना पड़ेगा। मैं जल्दी में हूँ इसलिए मेरी बात ध्यान से सुनो।

ह्यूगो : तुम लोगों ने मेरा यकीन क्यों नहीं किया ?

ओल्गा : जेसिका, मुझे जरा ये गिलास और ये पानी का जग पकड़ाइए।

(जेसिका उसे दोनों चीजें पकड़ा देती है, वो गिलास भरती है और ह्यूगो के चेहरे पर पानी फेंकती है।)

ह्यूगो : फू...

ओल्गा : मेरी बात सुन रहे हो ?

ह्यूगो : हाँ *(चेहरा पोंछता है)* सिर में कितना दर्द है। जग में पानी बचा है ?

जेसिका : हाँ।

ह्यूगो : मुझे जरा पानी पीने को दो। *(वो उसे गिलास पकड़ाती है, वो पीता है)*। हमारे साथी लोग, वो क्या सोचते हैं ?

ओल्गा : यही कि तुम एक गद्दार हो।

ह्यूगो : वो कुछ ज्यादा ही सख्ती से पेश आ रहे हैं।

ओल्गा : तुम्हारे पास खोने के लिए एक दिन भी और नहीं बचा है। ये काम कल शाम तक निबट जाना चाहिए।

ह्यूगो : तुम्हें बम नहीं फेंकना चाहिए था।

ओल्गा : ह्यूगो, तुमने एक मुश्किल काम की जिम्मेदारी लेने की

जिद की और इसे अकेले ही करना चाहा। ये मैं थी जिसने सबसे पहले तुम्हारा यकीन किया जबकि तुम्हें इस काम से मना करने के सैकड़ों कारण थे; और फिर मैंने अपने इस यकीन को दूसरे लोगों पर थोपा। लेकिन हम लोग स्काउट्स नहीं हैं और पार्टी तुम्हें बहादुरी दिखाने के मौके देने के लिए नहीं बनी है। करने को एक काम पड़ा है और इसे हर हालत में करना ही है। कौन करे, इससे कोई फर्क नहीं पड़ता। अगर तुमने चौबीस घंटे में अपना काम नहीं किया तो तुम्हारी जगह इस काम के लिए किसी और को भेज दिया जाएगा।

ह्यूगो : अगर मेरी जगह कोई और आया तो मैं पार्टी छोड़ दूँगा।

ओल्गा : तुम खुद को समझते क्या हो ? तुम्हें लगता है कि पार्टी को छोड़ना सम्भव है ? युद्ध जारी है ह्यूगो और कामरेड्स खेल नहीं खेल रहे। पार्टी को छोड़कर कोई जिन्दा नहीं जा सकता।

ह्यूगो : मुझे मौत का डर नहीं है।

ओल्गा : मरना बड़ी बात नहीं है, लेकिन इस तरह सब कुछ बर्बाद करने के बाद मूर्खतापूर्ण मौत मरना, एक मुखबिर की तरह उड़ा दिया जाना, या उससे भी बुरा, एक मूर्ख की मौत मरना जिसके फूहड़पन के डर से उससे मुक्ति पा ली जाती है। तुम यही चाहते हो ? क्या पहली बार मेरे घर आते समय तुम यही चाहते थे, जब तुम इतने खुश और गर्वीले लग रहे थे। *(जेसिका से)* ये बात उसे समझाइए। अगर आप उससे जरा भी प्यार करती हैं तो आप नहीं चाहेंगी कि उसे कुत्ते की मौत मार दिया जाए।

जेसिका : आप जानती ही हैं मैडम कि मुझे राजनीति का जरा भी ज्ञान नहीं है।

ओल्गा : *(ह्यूगो से)* तुमने क्या तय किया ?

ह्यूगो : तुम्हें बम नहीं फेंकना चाहिए था।

ओल्गा : तुमने क्या तय किया ?

ह्यूगो : मैं तुम लोगों को कल बताऊँगा।

ओल्गा : ठीक है, अलविदा ह्यूगो।

ह्यूगो : अलविदा, ओल्गा।

जेसिका : फिर मिलेंगे, मैडम।

ओल्गा : बत्ती बुझा दीजिए। कहीं मुझे बाहर निकलते समय कोई देख न ले।

(जेसिका बत्ती बुझा देती है। ओल्गा दरवाज़ा खोलकर बाहर निकल जाती है।)

दृश्य-2

ह्यूगो, जेसिका

जेसिका : बत्ती जला दूँ।

ह्यूगो : रुको, शायद उसे आना पड़े।

(वो अँधेरे में ही इन्तजार करते हैं।)

जेसिका : हम खिड़की के पल्ले थोड़े-से खोलकर देख सकते हैं।

ह्यूगो : नहीं।

(चुप्पी)

जेसिका : तुम्हें दर्द हो रहा है *(ह्यूगो कोई जवाब नहीं देता)* अँधेरे में ही जवाब दे दो।

ह्यूगो : सिर्फ सिर में दर्द हो रहा है *(कुछ समय)* यकीन करना कोई बड़ी बात नहीं, अगर ये यकीन आठ दिन का इन्तजार भी न झेल सके।

जेसिका : कोई बड़ी बात नहीं।

ह्यूगो : और अगर कोई तुम्हारा यकीन नहीं करता तो कोई कैसे जिन्दा रहना चाहेगा ?

जेसिका : मेरा कभी किसी ने यकीन नहीं किया। तुमने तो औरों से भी कम किया, फिर भी मैं काम चला रही हूँ।

ह्यूगो : सिर्फ वही थी जिसे मुझ में थोड़ा-बहुत यकीन था।

जेसिका : ह्यूगो...

ह्यूगो : वही अकेली, ये बात तुम भी अच्छी तरह से जानती हो। *(कुछ समय)* अब वो सुरक्षित होगी। अब हम बत्ती जला सकते हैं। *(बत्ती जलाता है, जेसिका अचानक ही उसकी*

तरफ पीठ करके खड़ी हो जाती है।) क्या हुआ ?

जेसिका : रोशनी में तुम्हें देखने से मुझे अजीब-सा लगता है।

ह्यूगो : बत्ती बुझा दूँ क्या ?

जेसिका : नहीं, *(वापस उसकी तरफ मुड़ती है)* तुम, तुम एक आदमी को मारनेवाले हो।

ह्यूगो : क्या खुद मुझे पता है कि मैं क्या करने जा रहा हूँ ?

जेसिका : मुझे रिवाल्वर दिखाओ।

ह्यूगो : क्यों ?

जेसिका : मैं देखना चाहती हूँ कि ये कैसा होता है।

ह्यूगो : पूरी दोपहर, तुम इसे साथ लिए घूम रही थी।

जेसिका : उस समय ये एक खिलौने से ज्यादा कुछ नहीं था।

ह्यूगो : *(रिवाल्वर उसे थमाते हुए)* ध्यान से।

जेसिका : हाँ *(देखती है)* बड़ा अजीब है।

ह्यूगो : इसमें अजीब क्या है ?

जेसिका : अब मुझे इससे डर लग रहा है। इसे वापस ले लो। *(कुछ समय)* तुम एक आदमी को कत्ल करनेवाले हो।

(ह्यूगो हँसने लगता है।)

जेसिका : हँस क्यों रहे हो ?

ह्यूगो : तुम्हें अब जाकर इस बात का यकीन आया। तुमने अब इस बात पर यकीन करना तय किया ?

जेसिका : हाँ।

ह्यूगो : तुमने बहुत सही समय चुना : अब जब किसी को भी इस बात पर यकीन नहीं। आठ दिन पहले शायद तुम्हारे यकीन करने से मुझे कुछ मदद मिल सकती थी...

जेसिका : इसमें मेरी गलती नहीं है। मैं सिर्फ उसका यकीन करती हूँ जो मैं देखती हूँ। आज सुबह तक मैं इस बात की कल्पना तक नहीं कर सकती थी कि वो मरेगा। *(कुछ समय)* कुछ समय पहले मैं जब कार्यालय में घुसी थी तब एक आदमी की चोटों से खून बह रहा था और तुम सब मुर्दों जैसे पड़े थे। होएडरर मुर्दा था। मैंने उसके चेहरे पर मौत की छाया देखी थी। अगर तुम उसे नहीं मारोगे तो वो किसी और को भेज देंगे।

ह्यूगो : ये काम मैं ही करूँगा। *(कुछ समय)* जिस आदमी का खून बह रहा था, वो कितना घिनौना लग रहा था ना।

जेसिका : हाँ।

ह्यूगो : होएडरर का भी खून बहेगा।

जेसिका : चुप रहो।

ह्यूगो : चेहरे पर मूर्खतापूर्ण भाव लिए वो जमीन पर पड़ा होगा और उसके कपड़े खून से सन जाएँगे।

जेसिका : *(धीमी और नीची आवाज में)* अब चुप भी करो।

ह्यूगो : उसने दीवार पर बम मारा। इसमें गर्व करने की कोई बात नहीं है। उसने हमें देखा तक नहीं। कोई भी कत्ल कर सकता है अगर उसे ये देखना ना पड़े कि उसने क्या किया है। मैं भी गोली चलाने ही वाला था। मैं कार्यालय में था, ठीक उन लोगों के सामने और मैं गोली चलाने ही वाला था। उसकी वजह से ही मैं ये मौका चूक गया।

जेसिका : तुम सचमुच गोली चलानेवाले थे ?

ह्यूगो : मेरा हाथ मेरी जेब में और मेरी उँगली रिवाल्वर के घोड़े पर थी।

जेसिका : और तुम गोली चलानेवाले थे। तुम्हें यकीन है कि तुम गोली चला पाते ?

ह्यूगो : मैं गुस्से में था। जाहिर है कि मैं गोली चलाने ही वाला था। अब सब कुछ फिर से शुरू करना होगा। *(हँसता है)* तुमने उसकी बात सुनी : वो कहते हैं कि मैं एक गद्दार हूँ। उनके लिए ये बड़ा आसान है, जब वो ये तय करते हैं कि फलाना आदमी मरेगा तो उनके लिए ये फोन डॉयरेक्टरी में से किसी का नाम खुरच देने जैसा ही है : बड़ा साफ और शिष्ट। यहाँ मौत भी एक काम है जैसे बूचड़खाने में होता है। *(कुछ समय)* वो शराब पीता है, सिगरेट पीता है, मुझसे पार्टी के बारे में बात करता है, भविष्य की योजनाएँ बनाता है और मैं उसे सिर्फ एक लाश के तौर पर देखता हूँ। कितनी वीभत्स बात है ! तुमने उसकी आँखें देखी हैं ?

जेसिका : हाँ।

ह्यूगो : तुमने देखा है कि वो कितनी चमकदार और कठोर हैं ? और कितनी जीवन्त भी ?

जेसिका : हाँ।

ह्यूगो : शायद मैं उसकी दोनों आँखों के बीचोंबीच गोली मारूँगा। निशाना पेट पर लगाया जाता है पर हथियार झटका खा जाता है।

जेसिका : मुझे उसकी आँखें अच्छी लगती हैं।

ह्यूगो : *(अचानक)* ये बहुत गूढ़ चीज है।

जेसिका : क्या ?

ह्यूगो : एक कत्ल। मैं कहता हूँ कि ये बहुत गूढ़ है। तुम घोड़ा दबाते हो और उसके बाद क्या होता है, तुम्हें कुछ समझ में नहीं आता। *(कुछ समय)* काश मुँह फेरकर गोली चलाई जा सकती ! *(कुछ समय)* मुझे हैरानी है कि मैं ये सब तुमसे क्यों कह रहा हूँ।

जेसिका : इस बात की हैरानी तो मुझे भी है।

ह्यूगो : माफ करना *(कुछ समय)* अगर मैं इस पलंग पर पड़ा मर रहा होता तो भी तुमने मुझे छोड़ नहीं दिया होता ना ?

जेसिका : नहीं।

ह्यूगो : एक ही बात है, मारना, मरना एक ही बात है। आदमी दोनों मामलों में एक ही जैसा अकेला होता है। वो खुशकिस्मत है, वो सिर्फ एक बार मरेगा। मैं पिछले दस दिन से हर मिनट उसे बार-बार मार रहा हूँ। *(अचानक)* तुम क्या करती, जेसिका?

जेसिका : मैं कुछ समझी नहीं।

ह्यूगो : सुनो, अगर मैंने कल तक उसे नहीं मारा तो मुझे गायब हो जाना पड़ेगा या फिर उन लोगों के पास जाकर कहना पड़ेगा कि आप जो चाहें, मेरे साथ कर सकते हैं। और अगर मैं उसे मारता हूँ तो...

(हाथ से अपना चेहरा एक क्षण के लिए छुपा लेता है) मुझे क्या करना चाहिए ? तुम क्या करती ?

जेसिका : मैं ? तुम मुझसे ये पूछ रहे हो कि तुम्हारी जगह होती तो मैं क्या करती ?

ह्यूगो : और किससे पूछूँ ? तुम्हारे सिवा मेरा दुनिया में है ही कौन ?

जेसिका : सच है। मेरे सिवा तुम्हारा कोई नहीं। सिर्फ मैं। बेचारा ह्यूगो। *(कुछ समय)* मैं होएडरर के पास जाती और उससे कहती कि मुझे आपको कत्ल करने के लिए यहाँ भेजा गया था पर मैंने विचार बदल दिया और अब मैं आपके साथ काम करना चाहती हूँ।

ह्यूगो : बिचारी जेसिका।

जेसिका : क्या तुम्हारे लिए ऐसा करना सम्भव नहीं ?

ह्यूगो : इसी चीज को गद्‌दारी करना कहा जाएगा।

जेसिका : *(उदास होकर)* देखा ! मैं तुम्हें कुछ नहीं बता सकती। *(कुछ समय)* तुम्हारे लिए ये सम्भव क्यों नहीं है ? क्योंकि उसके विचार तुम्हारे विचारों से नहीं मिलते ?

ह्यूगो : यूँ ही समझ लो। क्योंकि उसके विचार मुझसे नहीं मिलते।

जेसिका : और जिनके विचार आपसे न मिले उन्हें मार डालना चाहिए ?

ह्यूगो : कभी-कभार ऐसा करना पड़ता है।

जेसिका : तुमने लुईस और ओल्गा के विचारों को ही क्यों चुना ?

ह्यूगो : क्योंकि उनके विचार ही सच हैं।

जेसिका : लेकिन मान लो कि पिछले साल तुम लुईस की जगह होएडरर से मिलेहोते तो ? तब तुम्हें उसी के विचार सच्चे लगने लगते।

ह्यूगो : तुम पागल हो।

जेसिका : क्यों ?

ह्यूगो : तुम्हारी बात सुनकर ऐसा लगता है कि सब विचार एक बराबर होते हैं और वो छुतहा बीमारियों की तरह लोगों को अपनी गिरफ्त में ले लेते हैं।

जेसिका : मैं ऐसा नहीं सोचती; मुझे पता नहीं कि मैं क्या सोचती हूँ। ह्यूगो, वो इतना मजबूत है कि सिर्फ उसका मुँह खोलना ही काफी है और यकीन हो जाता है कि वो ही सही है और फिर, मुझे लगता था कि वो ईमानदार है और पार्टी का भला चाहता है।

ह्यूगो : मुझे इस बात की जरा भी परवाह नहीं कि वो क्या चाहता है, क्या सोचता है। मेरे लिए महत्त्वपूर्ण ये है कि वो क्या करता है।

जेसिका : पर...

ह्यूगो : असल में, वो एक सामाजिक गद्दार जैसा काम कर रहा है।

जेसिका : *(बिना समझे)* असल में सामाजिक गद्दार !

ह्यूगो : हाँ।

जेसिका : अँह ? *(कुछ समय)* और मान लो कि उसे पता होता कि तुम किस काम की तैयारी कर रहे हो तो क्या वो तुम्हें एक सामाजिक गद्दार मानता ?

ह्यूगो : मुझे क्या मालूम !

जेसिका : लेकिन क्या वो ऐसा सोचता ?

ह्यूगो : इससे क्या फर्क पड़ता है ? शायद हाँ।

जेसिका : तब सही कौन है ?

ह्यूगो : मैं।

जेसिका : ये बात तुम्हें कैसे पता ?

ह्यूगो : राजनीति एक विज्ञान है। इसमें ये साबित किया जा सकता है कि तुम सही हो और बाकी सब लोग गलत।

जेसिका : तो फिर तुम्हें हिचकिचाहट किस बात की है ?

ह्यूगो : तुम्हें इसका खुलासा करने में बहुत समय लगेगा।

जेसिका : हमारे पास पूरी रात पड़ी है।

ह्यूगो : इसमें महीनों, सालों लग जाएँगे।

जेसिका : ऊँह ? *(किताबों की तरफ जाती है।)* और ये सब इनमें लिखा हुआ है ?

ह्यूगो : एक तरह से कहा जाए तो हाँ। सिर्फ उसे समझना आना चाहिए।

जेसिका : मेरे प्रभु *(एक किताब उठाती है, उसे खोलती है, मोहित-सी उसे देखती है और उच्छवास भरकर उसे वापस रख देती है)* मेरे प्रभु।

ह्यूगो : अब मेरा पिंड छोड़ो। सो जाओ या जो मर्जी हो, करो।

जेसिका : क्या हुआ ? मैंने क्या कहा ?

ह्यूगो : कुछ नहीं, तुमने कुछ नहीं कहा। दोषी तो मैं हूँ। मेरी ही

गलती थी कि मैंने तुमसे मदद माँगी। तुम्हारी सलाहें तो किसी दूसरी ही दुनिया से आती हैं।

जेसिका : तो ये किसकी गलती है ? तुमने मुझे कुछ सिखाया क्यों नहीं ? तुमने मुझसे कभी किसी चीज का खुलासा क्यों नहीं किया ? तुमने सुना था कि उसने क्या कहा था कि मैं तुम्हारी अय्याशी हूँ। उन्नीस साल से मैं आपकी मर्दों की इस दुनिया में हूँ जहाँ मुझे किसी भी चीज को छूने की मनाही है। आप लोगों ने मुझे ये यकीन दिलाया कि सब कुछ ठीक-ठाक चल रहा है और गुलदस्ते में फूल सजाने के अलावा मेरा और कोई काम है ही नहीं। आप लोगों ने मुझसे झूठ क्यों बोला ? आप मर्दों ने मुझे अँधेरे में क्यों रखा। अगर एक दिन आपको ये स्वीकार करना ही था कि इस दुनिया में हर तरफ दरारें पड़ी हुई हैं और आप सभी सामर्थ्यहीन नामर्द हैं और अगर आपको मुझे एक आत्महत्या और एक कत्ल के बीच चुनाव करने पर मजबूर ही करना था तो मैं चुनना नहीं चाहती : मैं नहीं चाहती कि तुम मारे जाओ, मैं ये भी नहीं चाहती कि तुम उसे मार डालो। तुमने ये बोझ मेरे कन्धों पर क्यों डाला ? तुम लोगों की कहानियों के बारे में मुझे कुछ नहीं पता। मैं तो उनसे हाथ धोती हूँ, उनसे मेरा कोई वास्ता नहीं। न तो मैं शोषक हूँ, न सामाजिक गद्दार और न ही क्रान्तिकारी। मैंने कुछ नहीं किया। मैं पूरी तरह निर्दोष हूँ।

ह्यूगो : मैं तुमसे और कुछ नहीं चाहता, जेसिका।

जेसिका : अब बहुत देर हो चुकी है ह्यूगो, तुमने मुझे भी इसमें फँसा दिया है। अब मुझे चुनाव करना ही पड़ेगा। तुम्हारे लिए और खुद के लिए, तुम्हारी जिन्दगी के साथ-साथ मुझे अपनी जिन्दगी के लिए भी चुनाव करना पड़ेगा और मैं...हे मेरे प्रभु, मैं ये नहीं कर सकती।

ह्यूगो : अब तुम मेरी हालत समझ रही हो। *(चुप्पी)*

(ह्यूगो पलंग पर बैठा है, आँखें शून्य को ताक रही हैं। जेसिका उसके पास बैठी है। वो उसकी गर्दन में बाँहें डालती है।)

जेसिका : कुछ मत कहो। मेरी चिन्ता मत करो। मैं तुमसे बात नहीं करूँगी। मैं तुम्हें सोचने से रोकूँगी नहीं लेकिन मैं तुम्हारे पास ही रहूँगी। सुबह ठंड होती है। चूँकि मेरे पास तुम्हें देने को और कुछ नहीं है, मैं तुम्हें अपने बदन की गर्मी दूँगी। इससे तुम्हें खुशी मिलेगी। तुम्हारा सिर अभी भी दर्द कर रहा है ?

ह्यूगो : हाँ।

जेसिका : इसे मेरे कन्धे पर रख लो। तुम्हारा माथा तप रहा है *(वो उसके बालों को सहलाती है)* बेचारा सिर।

ह्यूगो : *(अचानक उसकी बाँहों से निकलता हुआ)* बहुत हुआ।

जेसिका : *(नर्म स्वर में)* ह्यूगो।

ह्यूगो : तुम मेरी माँ बनने का खेल खेल रही हो ?

जेसिका : मैं खेल नहीं रही। अब मैं कभी नहीं खेलूँगी।

ह्यूगो : तुम्हारा जिस्म ठंडा है और तुम्हारे पास मुझे देने के लिए कोई गर्मी नहीं है। मुँह पर माँ का-सा भाव लिए, एक आदमी के ऊपर झुककर उसके बालों में उँगलियाँ फिराना कोई मुश्किल काम नहीं है। कोई भी लड़की तुम्हारी जगह होने का ख्वाब देखेगी लेकिन जब मैंने तुम्हें अपनी बाँहों में लिया और तुमसे अपनी बीवी बनने को कहा, तुम उसे उतनी अच्छी तरह नहीं कर पाई।

जेसिका : चुप रहो।

ह्यूगो : क्यों चुप रहूँ ? क्या तुम नहीं जानती कि हमारा प्यार भी एक स्वाँग रहा है ?

जेसिका : आज की रात हमारे प्यार का नहीं, बल्कि कल जो तुम करोगे, उसका महत्त्व है।

ह्यूगो : सब कुछ थम गया है अगर मुझे यकीन होता... *(अचानक)* जेसिका, मेरी तरफ देखो। क्या तुम मुझसे कह सकती हो कि तुम मुझसे प्यार करती हो ? *(उसे देखता है, चुप्पी)* ये लो, अब मुझे ये भी नहीं मिलेगा।

जेसिका : और तुम ह्यूगो ? क्या तुम्हें पूरा यकीन है कि तुम मुझसे प्यार करते रहे हो ? *(जवाब नहीं देता)* देख लिया ? *(कुछ समय, अचानक)* तुम उसे अपने विचारों से सहमत करने

की कोशिश क्यों नहीं करते ?

ह्यूगो : सहमत करने की कोशिश ? किसे होएडरर को ?

जेसिका : चूँकि वो गलती पर है, तुम उसे ये बात समझा सकते हो।

ह्यूगो : तुम्हें लगता है कि ये सम्भव है, वो बहुत ही ज्यादा चालाक है।

जेसिका : अगर तुम अपने विचारों को साबित नहीं कर सकते तो तुम्हें कैसे लगता है कि तुम्हारे विचार ही सही हैं ? ह्यूगो, ये कितना अच्छा होगा, तुम सबसे मेल-मिलाप कर लोगे, सब लोग खुश होंगे, तुम सब मिलकर काम करोगे। ह्यूगो तुम्हारे सामने हाथ जोड़ती हूँ कि ऐसी कोशिश करो। उसे मारने से पहले कम-से-कम एक बार ऐसी कोशिश तो करो।

(दरवाज़े पर दस्तक। ह्यूगो सीधा होकर बैठ जाता है, उसकी आँखें चमकने लगती हैं।)

ह्यूगो : ये जरूर ओल्गा है। वो वापस आ गई है; मुझे पूरा यकीन था कि वो वापस आएगी। बत्ती बुझा दो और दरवाजा खोल दो।

जेसिका : तुम्हें सचमुच उसकी कितनी अधिक जरूरत है ! *(बत्ती बुझाकर दरवाज़ा खोल देती है। होएडरर अन्दर आता है। दरवाजा बन्द होने पर ह्यूगो बत्ती दुबारा जला देता है।)*

दृश्य-3

ह्यूगो, जेसिका, होएडरर

जेसिका : *(होएडरर को पहचानकर)* हा।

होएडरर : मैंने तुम्हें डरा दिया ?

जेसिका : आज मैं बहुत घबराई हुई हूँ। ये बम भी तो आज ही...।

होएडरर : हाँ, ये बात तो है। आपको अँधेरे में रहने की आदत है ?

जेसिका : मजबूरी है। मेरी आँखें बहुत थकी हुई हैं।

होएडरर : ओह *(कुछ समय)* मैं थोड़ी देर बैठ सकता हूँ। *(वो हत्थेदार*

कुर्सी पर बैठ जाता है) मेरी तरफ से परेशान मत होइएगा।

ह्यूगो : आपको मुझ से कुछ कहना है ?

होएडरर : नहीं, नहीं, नहीं। थोड़े समय पहले तुमने मुझे हँसी दिला दी थी। तुम गुस्से से लाल हो रहे थे।

ह्यूगो : मैं...

होएडरर : माफी मत माँगो : मुझे इसकी उम्मीद थी। बल्कि अगर तुमने मेरा विरोध न किया होता तो मुझे ज्यादा चिन्ता होती। मुझे तुमसे बहुत सारी बातों का खुलासा करना है, लेकिन कल, हम दोनों ठीक से बात करेंगे। तुम्हारा आज का काम खत्म हो चुका है, मेरा भी। अजीब दिन था ना ? आप दीवारों पर तस्वीरें नहीं सजाते ? इससे दीवारें भरी-भरी-सी लगेंगी। कुछ तस्वीरें ऊपर अटारी में पड़ी हैं। स्लिक उन्हें नीचे ले आएगा।

जेसिका : किस तरह की तस्वीरें हैं।

होएडरर : सभी तरह की नक्काशीवाली तस्वीरें। तुम छाँट सकती हो।

जेसिका : धन्यवाद। मुझे नक्काशियों का बहुत शौक नहीं है।

होएडरर : जैसी तुम्हारी मर्जी। पीने को कुछ नहीं है ?

जेसिका : नहीं। मुझे अफसोस है।

होएडरर : खैर जाने दो। मेरे आने से पहले आप लोग क्या कर रहे थे ?

जेसिका : यूँ ही बातें कर रहे थे।

होएडरर : ठीक है, कीजिए कीजिए। मेरी तरफ से बेफिक्र रहिए *(अपना पाईप भरता है और उसे सुलगाता है। एक बहुत भारी चुप्पी। वह मुस्कुराता है)* हाँ, जारी रखिए।

जेसिका : आपके यहाँ न होने की कल्पना करना बहुत आसान नहीं है।

होएडरर : आप मुझे दरवाज़े से बाहर भी कर सकते हैं। *(ह्यूगो से)* तुम अपने बॉस की सनक के मुताबिक उसका अपने घर में स्वागत करने के लिए मजबूर नहीं हो। *(कुछ समय)* पता नहीं कि मैं यहाँ क्यों आया ? मुझे नींद नहीं आ रही थी, मैंने काम करने की भी कोशिश की पर...*(कन्धे उचकात है।)* पर हमेशा ही काम भी तो नहीं किया जा

जेसिका : नहीं।

होएडरर : ये मामला खत्म होने ही वाला है...

ह्यूगो : *(जल्दी से)* कौन-सा मामला ?

होएडरर : कासर्की वाला। उसे बहुत समझाना-बुझाना पड़ता है। लेकिन जैसा मैंने सोचा था, ये मामला उससे कहीं तेज गति से चल रहा है।

ह्यूगो : *(उग्र होकर)* आप...

होएडरर : श श कल! कल *(कुछ समय)* जब कोई मामला खत्म होने लगता है तो आदमी खुद को निठल्ला महसूस करने लगता है। कुछ समय पहले आपके यहाँ रौशनी थी ?

जेसिका : हाँ।

होएडरर : मैं खिड़की पर आया। अँधेरे में ही, ताकि मैं निशाना ना बन जाऊँ। आपने देखा कि रात कितनी अँधियारी और शान्त है ? आपकी खिड़की के पल्लों की दरार से रोशनी आ रही थी। *(कुछ समय)* आज हमने मौत को बहुत करीब से देखा।

जेसिका : हाँ।

होएडरर : *(थोड़ा हँसकर)* बहुत करीब से। *(कुछ समय)* मैं बहुत धीमे-से अपने कमरे से निकला। स्लिक गलियारे में सो रहा था। जॉर्ज बैठक में और लियोन हॉल में। मेरी इच्छा हुई कि उन्हें जगा दूँ। और फिर *(कुछ समय)* और फिर मैं यहाँ आ गया *(जेसिका से)* क्या बात है ? दोपहर को तो तुम इतनी डरी हुई नहीं थी।

जेसिका : आपको देखकर।

होएडरर : मतलब ?

जेसिका : मुझे लगता था कि आपको किसी की जरूरत नहीं पड़ती।

होएडरर : मुझे किसी की जरूरत नहीं। *(कुछ समय)* स्लिक ने मुझे कहा कि तुम माँ बननेवाली हो ?

जेसिका : *(जल्दी से)* ये सच नहीं है।

ह्यूगो : सुनो जेसिका, अगर तुमने स्लिक को बता दिया है तो होएडरर से क्या छुपाना ?

जेसिका : मैंने स्लिक को बुद्धू बनाया था।

होएडरर : *(उसे देर तक देखता है।)* अच्छा। *(कुछ समय)* जब मैं लेंडस्टेग में डिप्टी हुआ करता था तो मैं एक गैरेजवाले के पास रहता था। शाम को उनके खाने के कमरे में पाईप पीने जाता था। वहाँ एक रेडिया था, बच्चे खेलते थे। *(कुछ समय)* ठीक है। अब मैं जाकर सोता हूँ। ये एक मरीचिका थी।

जेसिका : क्या चीज़ एक मरीचिका थी ?

होएडरर : *(इशारे से)* सब कुछ। तुम लोग भी। हमें काम करना चाहिए। हम बस इतना ही कर सकते हैं। गाँव में फोन करके कार्यालय की खिड़की की मरम्मत के लिए बढ़ई बुला लेना। *(उसे देखता है)* तुम बिलकुल चुक गए से लग रहे हो। लगता है कि तुमने खूब नशा किया है। ठीक से सोओ। सुबह नौ बजे से पहले आने की जरूरत नहीं।

(वह उठता है। ह्यूगो एक कदम आगे बढ़ाता है। जेसिका दोनों के बीच में आ जाती है।)

जेसिका : ह्यूगो, यही समय है।

ह्यूगो : क्या ?

जेसिका : तुमने मुझसे वादा किया था कि तुम उसे सहमत करने की कोशिश करोगे।

होएडरर : मुझे सहमत करने का वादा ?

ह्यूगो : चुप रहो।

(वह उसे एक तरफ करने की कोशिश करता है वो फिर उसके सामने आ जाती है।)

जेसिका : वह आपसे सहमत नहीं है।

होएडरर : *(विनोद से)*—मुझे ऐसा ही अन्दाजा था।

जेसिका : वो आप से कई बातों का खुलासा करना चाहता है।

होएडरर : कल ! कल !

जेसिका : कल बहुत देर हो जाएगी।

होएडरर : क्यों भला ?

जेसिका : *(ह्यूगो के सामने ही खड़ी है)* वो कहता है कि अगर आप उसकी बात नहीं सुनते तो वह सचिव के तौर पर आपकी

और अधिक सेवा नहीं करना चाहता। आपको और उसे, दोनों को ही नींद नहीं आ रही और सारी रात पड़ी है। और आप मौत के शिकंजे से बचकर निकले हैं। इसने आपको अधिक सहनशील बना दिया होगा।

ह्यूगो : मैं तुमसे कह रहा हूँ ना कि ये बात यहीं छोड़ दो।

जेसिका : ह्यूगो, तुमने मुझसे वादा किया था। *(होएडरर से)* वो कहता है कि आप एक सामाजिक गद्दार हैं।

होएडरर : एक सामाजिक गद्दार। इसके सिवा और कुछ नहीं ?

जेसिका : असल में। उसने कहा था...असल में।

होएडरर : *(चेहरे के भाव और सुर बदलते हुए)* ठीक है छुटके, क्योंकि अब इसे रोका नहीं जा सकता, मुझे बताओ कि तुम्हारे दिमाग में क्या चल रहा है। सोने जाने से पहले मुझे इस मामले को सुलझा लेना होगा। मैं सामाजिक गद्दार क्यों हूँ ?

ह्यूगो : क्योंकि आपको पार्टी को अपने गठबन्धन में घसीटने का अधिकार नहीं है।

होएडरर : क्यों नहीं है ?

ह्यूगो : ये एक क्रान्तिकारी संगठन है और आप इसे एक सरकार का हिस्सा बनाने पर तुले हैं।

होएडरर : क्रान्तिकारी पार्टियाँ सत्ता हासिल करने के लिए ही बनाई जाती हैं।

ह्यूगो : सत्ता हासिल करने के लिए ! ठीक है पर इसे हथियारों के माध्यम से हासिल करने के लिए, न कि साँठ-गाँठ करके इसे खरीदने के लिए।

होएडरर : तो तुम्हें रक्तपात की कमी खल रही है ? मैं इस बात पर क्रोधित हूँ पर तुम्हें पता होना चाहिए कि हम ताकत के बल पर कभी भी सत्ता हासिल नहीं कर सकते। गृहयुद्ध होने की स्थिति में पेंटागन पार्टी के पास सैनिक प्रमुख और हथियार दोनों हैं जिससे क्रान्तिकारियों के विरुद्ध सैनिक दस्तों का निर्माण किया जा सकता है।

ह्यूगो : गृहयुद्ध की बात कौन कर रहा है ? मुझे आपकी बात समझ नहीं आती। केवल थोड़ा-सा धैर्य रखने की ज़रूरत है। आप खुद ही कह चुके हैं कि लाल सेना राजप्रतिनिधि

को देश से बाहर धकेल देगी और अकेले हमें सत्ता मिल जाएगी।

होएडरर : और हम इस पर कब्ज़ा बरकरार कैसे रख पाएँगे ? *(कुछ समय)* मैं गारंटी दे सकता हूँ कि जब लाल सेना हमारी सीमाएँ पार करेगी तो बहुत कठिन समय आएगा।

ह्यूगो : लाल सेना...

होएडरर : हाँ, हाँ। मुझे पता है। मैं भी उसी का इन्तज़ार कर रहा हूँ और वो भी बड़ी बेसब्री के साथ। लेकिन तुम्हें ये पता होना चाहिए कि मुक्तिदाता हो या हमलावर, युद्ध में सभी सेनाएँ एक जैसी होती हैं...वो अपने कब्जेवाले देश पर ही निर्भर होकर जीती हैं। हमारे किसान रूसियों से घृणा करेंगे। ये घातक बात है। तुम्हें ये कैसे लगता है कि जनता रूसियों द्वारा उस पर थोपी गई हमारी सरकार को पसन्द करने लगेगी। हमें विदेशियों की पार्टी या उससे भी बुरा कुछ कहा जाएगा। पेंटागन पार्टी वाले भी दुबारा भूमिगत हो जाएँगे और उन्हें अपने नारे बदलने की ज़रूरत भी नहीं पड़ेगी।

ह्यूगो : पेंटागन मैं...

होएडरर : और फिर दूसरी बात भी काबिले गौर है...देश बर्बाद हो चुका है, सम्भव है कि ये लड़ाई का मैदान बने। राजप्रतिनिधि की सरकार के बाद सत्तारूढ़ होनेवाली किसी भी सरकार को बहुत सख्त कदम उठाने पड़ेंगे जिनके कारण जनता उससे घृणा करने लगेगी। लाल सेना के वापस लौटने के अगले दिन ही बगावत की आँधी से हमारे पाँव उखड़ जाएँगे।

ह्यूगो : बगावत को कुचल दिया जाएगा। हम लोहे जैसी मज़बूत व्यवस्था का निर्माण करेंगे।

होएडरर : लोहे जैसी मजबूत व्यवस्था ? कैसे ? क्रान्ति के बाद भी प्रोलेटेरियन पार्टी लम्बे समय तक सबसे कमजोर बनी रहेगी। लोहे जैसी मज़बूत व्यवस्था ? एक ऐसी बुर्जुआ पार्टी के साथ मिलकर जो भयानक तोड़-फोड़ मचाएगी। और ऐसी किसान जनता के साथ जो हमें भूखा मारने के

लिए खुद अपनी फसलों में आग लगा देगी ?

ह्यूगो : तो क्या हुआ ? सन् 1917 में बोल्शेविक पार्टी ने इससे भी बहुत अधिक झेला था।

होएडरर : उसे विदेशियों द्वारा थोपा नहीं गया था। अब मेरी बात सुनो और समझने की कोशिश करो छुटके, हम कासर्की के उदारवादियों और राजप्रतिनिधि के रूढ़िवादियों के साथ मिलकर सत्ता हासिल करेंगे। कोई कहानी नहीं, कोई तोड़-फोड़ नहीं। राष्ट्रीय गठबन्धन। कोई भी विदेशियों द्वारा थोपे जाने की बात कहकर हमारी भर्त्सना नहीं कर सकेगा। मैंने संघर्ष समिति में आधी वोटों की माँग जरूर की है। लेकिन मैं कैबिनेट में आधी सीटें माँगने की बेवकूफी नहीं करूँगा। हमें अल्पमत में होना चाहिए। हमारे अल्पमत में होने पर दूसरी पार्टी पर अलोकप्रिय कदम उठाने की जिम्मेदारी आएगी। जिनका, सरकार के भीतर रहते हुए विरोध करने से हमें लोकप्रियता हासिल होगी। वो लोग बुरी तरह से घिर चुके हैं। तुम देखोगे कि दो साल के अन्दर ही उदारवादी राजनीति विफल हो जाएगी और फिर पूरा देश हमसे सरकार चलाने को कहेगा।

ह्यूगो : और उसी समय पार्टी का अस्तित्व खत्म हो जाएगा।

होएडरर : अस्तित्व खत्म, क्यों भला ?

ह्यूगो : पार्टी का एक निश्चित कार्यक्रम है...एक समाजवादी अर्थव्यवस्था का निर्माण और इसका एक ज़रिया भी हमारे पास है वर्ग-संघर्ष का इस्तेमाल। आप एक पूँजीवादी अर्थव्यवस्था के ढाँचे में रहते हुए ही वर्ग-सामंजस्य की नीति बनाने के लिए इसका इस्तेमाल करेंगे। सालों तक आप झूठ बोलेंगे, चालें चलेंगे, दोहरे अर्थवाली बातें करेंगे। आप समझौते-पर-समझौता करेंगे। हमारे साथियों के सामने सरकार के, जिसका कि आप भी हिस्सा होंगे, प्रतिक्रियावादी कदमों का समर्थन करेंगे। कोई समझ नहीं पाएगा। सिद्धान्तवादी लोग हमें छोड़ जाएँगे। बाकी लोग उस राजनीतिक संस्कृति को खो देंगे जो हमने अभी हाल ही में हासिल की है। हम लोगों को छूत लग जाएगी। हम

कमज़ोर और दिशाहीन हो जाएँगे। हम सुधारवादी और राष्ट्रवादी बन जाएँगे और अन्त में, बुर्जुआ पार्टी को हमें समाप्त करने के लिए बहुत अधिक कष्ट नहीं उठाना पड़ेगा। होएडरर ! ये आपकी अपनी पार्टी है और उसे बनाने के लिए आपने जो कष्ट उठाए हैं, जो बलिदान दिए हैं और जो अनुशासन लागू करना पड़ा है उन सबको आप भूले नहीं होंगे। मैं आपसे भीख माँग रहा हूँ कि अपने ही हाथों इसकी बलि मत चढ़ाइए।

होएडरर : क्या बकवास है ! अगर तुम खतरे नहीं उठाना चाहते तो तुम्हें राजनीति नहीं करनी चाहिए।

ह्यूगो : मैं ये वाले खतरे नहीं उठाना चाहता।

होएडरर : बहुत बढ़िया। तब फिर सत्ता पर काबिज़ कैसे रहा जाए ?

ह्यूगो : इसे हासिल ही क्यूँ किया जाए ?

होएडरर : तुम पागल हो क्या ? एक समाजवादी सेना देश पर कब्ज़ा करनेवाली है और तुम उसकी मदद का लाभ उठाए बिना उसे वापस चले जाने दोगे ? ये एक ऐसा मौका है जो दोबारा कभी नहीं आएगा। मैं तुम्हें बता दूँ कि अकले अपने ही बलबूते पर क्रान्ति करने की ताकत हममें नहीं है।

ह्यूगो : हमें इस कीमत पर सत्ता हासिल नहीं करनी चाहिए।

होएडरर : तब फिर तुम पार्टी का करोगे क्या ? घुड़दौड़ का मैदान बनाओगे ? रोज़ चाकू तेज करते रहने का क्या मतलब है अगर उससे कभी कुछ काटना ही ना हो ? कोई पार्टी कभी भी एक लक्ष्य को हासिल करने के एक ज़रिए से ज़्यादा कुछ नहीं होती। लक्ष्य हमेशा सिर्फ एक ही होता है सत्ता।

ह्यूगो : लक्ष्य हमेशा सिर्फ एक ही होता है–हमारे आदर्शों की विजय हासिल करना, हमारे सभी आदर्शों की विजय और इसके सिवाय कुछ नहीं।

होएडरर : सच है। तुम्हारे पास आदर्श है। तुम इनसे पार पा लोगे।

ह्यूगो : आपको लगता है कि सिर्फ मेरे पास ही आदर्श है ? क्या राजप्रतिनिधि की पुलिस के हाथों मारे जानेवाले हमारे साथी सिर्फ आदर्शों की वजह से नहीं मारे गए। आपको

नहीं लगता कि अगर हम उनके कातिलों को दोषमुक्त करने में पार्टी की मदद लें तो ये उनसे गद्दारी करना होगा ?

होएडरर : मुझे मुर्दों की जरा भी परवाह नहीं। वो पार्टी के लिए मारे गए और ये पार्टी तय करेगी कि वो क्या चाहती है। मैं जिन्दा आदमियों के लिए, जिन्दगी से भरी योजना बना रहा हूँ।

ह्यूगो : और आपको यकीन है कि जीवित लोग आपके गठबन्धन को स्वीकार करेंगे ?

होएडरर : हम धीरे-धीरे उनसे ये गठबन्धन स्वीकार करवा देंगे।

ह्यूगो : उनसे झूठ बोलकर ?

होएडरर : कभी-कभार उनसे झूठ बोलकर भी।

ह्यूगो : आप कितने सच्चे और मज़बूत दिखते हैं। यह सम्भव नहीं है कि आप का मन कामरेड्स से झूठ बोलने की गवाही दे।

होएडरर : क्यों ? जंग जारी है और सिपाहियों को हर कार्यवाही की घंटे-दर-घंटे जानकारी नहीं दी जाती।

ह्यूगो : होएडरर, मैं आपसे बेहतर जानता हूँ कि झूठ बोलना क्या होता है; मेरे पिता के यहाँ हर कोई एक-दूसरे से झूठ बोलता था। हर कोई मुझसे झूठ बोलता था। पार्टी में शामिल होने के बाद ही मैंने खुलकर साँस लेना शुरू किया। पहली बार मैंने ऐसे लोग देखे जो दूसरे लोगों से झूठ नहीं बोलते थे। हर कोई हर किसी में यकीन रख सकता था। सबसे निचले पायदान के कार्यकर्ता की भी यह भावना थी कि नेताओं के निर्णयों में उसकी ही गहरी इच्छा व्यक्त होती थी और अगर कभी कोई कठिन काम करना होता था तो लोगों को यह पता होता था कि उन्होंने मरना क्यों स्वीकार किया। आप ऐसा नहीं...

होएडरर : पर तुम किस बारे में बात कर रहे हो ?

ह्यूगो : हमारी पार्टी के बारे में।

होएडरर : हमारी पार्टी के बारे में ? लेकिन और सब चीजों की तरह इसमें भी कुछ झूठ बोला गया है। और तुम ह्यूगो ? तुम्हें यकीन है कि तुमने खुद से कभी झूठ नहीं बोला, कि तुमने

कभी झूठ बोला ही नहीं, कि इस समय भी तुम झूठ नहीं बोल रहे हो ?

ह्यूगो : मैंने कामरेड्स से कभी भी झूठ नहीं बोला। अगर हम लोगों से इतनी घृणा करते हैं कि उनके दिमाग़ों में झूठ भर दें तो उनकी आज़ादी के लिए लड़ने के क्या मायने हैं ?

होएडरर : ज़रूरत होने पर मैं झूठ बोलूँगा और मैं किसी से घृणा नहीं करता। झूठ का आविष्कार मैंने नहीं किया है। वर्गों में बँटे हमारे समाज में ही ये पैदा हुआ है और जन्म के साथ ही हमें विरासत में मिलता है। झूठ बोलने से इनकार करके झूठ को नष्ट नहीं किया जा सकता। इसके लिए हर सम्भव ज़रिया अपनाकर वर्गभेद को समाप्त करना होगा।

ह्यूगो : सब ज़रिए अच्छे नहीं होते।

होएडरर : सभी ज़रिए अच्छे होते हैं बशर्ते कि इनसे काम निकल जाए।

ह्यूगो : तो फिर आपको राजप्रतिनधि की नीतियों की भर्त्सना करने का क्या अधिकार है ? उसने रूस के खिलाफ जंग का ऐलान किया क्योंकि राष्ट्र की आज़ादी बचाने का ये सबसे कामयाब तरीका था।

होएडरर : तुम्हें ऐसा लगता है कि मैं उसकी निन्दा करता हूँ ? उसने वही सब किया जो उसकी जाति के किसी भी आदमी ने उसकी जगह होने पर किया होता। हमारा संघर्ष न तो किन्हीं खास व्यक्तियों के विरुद्ध है न किसी नीति के विरुद्ध बल्कि ये उस वर्ग के विरोध में है जो इस नीति और इन आदमियों को पैदा करता है।

ह्यूगो : और इसके विरुद्ध लड़ने का बेहतरीन तरीका आपको यही लगा कि उसके साथ सत्ता बाँटने का प्रस्ताव उसे पेश कर दिया जाए ?

होएडरर : बिलकुल ठीक। आज यही बेहतरीन तरीका है *(कुछ समय)* मेरे प्यारे छुटके, तुम अपनी शुद्धता से कितनी मजबूती से चिपके हुए हो। तुम्हें अपने हाथ मैले होने का कितना ज़्यादा डर है। ठीक है शुद्ध बने रहो। इससे किसको फायदा होगा ? और तुम हमारे बीच में करने क्या आए

हो ? शुद्धता फकीरों और भिक्षुओं का पैदा किया हुआ विचार है। तुम बुद्धिजीवी लोग, अराजक बुर्जुआ लोग, कुछ न करने के लिए इसको बहाना बना लेते हैं। कुछ न करना जड़ बने रहना। हाथों को शरीर से सटाए रखना, दस्ताने पहनना। हाँ, मेरे हाथ गन्दे हैं, कोहनियों तक गन्दे। मैंने उन्हें मल और खून में धँसा दिया है। उससे क्या ? तुम्हें लगता है कि आत्मा शुद्ध रखने से सरकार चल सकती है ?

ह्यूगो : शायद एक दिन सबको पता चल जाएगा कि मुझे खून से डर नहीं लगता।

होएडरर : मेरे प्रभु...लाल दस्ताने बहुत शानदार दिखते हैं। तुम्हें बाकी चीज़ों से डर लगता है। यही चीजें, इनकी गन्ध तुम्हारी कुलीन नाक को नहीं सुहातीं।

ह्यूगो : हम लोग घूम-फिरकर फिर उसी बात पर आ गए...। हाँ, मैं एक कुलीन आदमी हूँ जिसने कभी भूख नहीं झेली। आपके दुर्भाग्य से ये सिर्फ अकेले मेरे विचार नहीं हैं।

होएडरर : सिर्फ तुम्हारे नहीं ? तो यहाँ आने से पहले भी तुम्हें मेरी वार्ताओं की जानकारी थी ?

ह्यूगो : न...नहीं। पार्टी में इस बारे में यूँ ही बातें होती थीं और अधिकतर लोग आपकी नीतियों से सहमत नहीं थे और मैं कसम खाकर कह सकता हूँ कि वो सब कुलीनवर्ग के नहीं थे।

होएडरर : मेरे प्यारे छुटके, कहीं कुछ गलतफहमी है। पार्टी में जो लोग मेरी नीतियों से सहमत नहीं हैं, मैं उन्हें जानता हूँ कि वो लोग मेरी ही तरह के हैं। तुम्हारी तरह के नहीं...और तुम्हें ये बात पता चलने में बहुत देर नहीं लगेगी। अगर वो इन वार्ताओं से असहमत हैं तो सिर्फ इसलिए कि वो इन्हें असामयिक मानते हैं। कुछ अलग परिस्थितियाँ होने पर इन्हें अपनानेवाले वो पहले आदमी होंगे जबकि तुमने उन्हें उसूलों का सवाल बना दिया है।

ह्यूगो : उसूलों की बात किसने की ?

होएडरर : तुमने उसे उसूलों का सवाल नहीं बनाया है ? बहुत बढ़िया। तब मेरी इस बात से तुम सहमत हो जाओगे :

अगर हम राजप्रतिनिधि का साथ देते हैं तो वह युद्ध रोक देगा; इलिरिया की सेना शान्ति से इस बात का इन्तजार करेगी कि कब रूसी सेना आकर उससे हथियार डलवा ले। अगर हम बातचीत बन्द कर देते हैं तो उसे पता है कि वो सब कुछ हार चुका है और तब वो पगलाए हुए कुत्ते की तरह लड़ेगा। कई लाख लोग अपनी जान से हाथ धो बैठेंगे। इस बारे में तुम क्या कहते हो ? *(चुप्पी)* हूँ ? क्या कहते हो ? थोड़ी-सी कलम चलाकर लाखों आदमियों को खत्म कर दिया जाना क्या तुम्हें स्वीकार होगा ?

ह्यूगो : *(कष्टपूर्वक बोलता है)* फूलों से कभी क्रान्ति नहीं की जाती। अगर उन्हें मरना ही पड़े तो...।

होएडरर : तो ?

ह्यूगो : तो उन्हें मर जाना चाहिए।

होएडरर : देखा ! तुमने देखा : तुम लोगों से प्यार नहीं करते ह्यूगो। तुम अपने उसूलों के सिवाय किसी चीज से प्यार नहीं करते।

ह्यूगो : लोग ? मैं उन्हें क्यों प्यार करूँगा! क्या वो मुझे प्यार करते हैं ?

होएडरर : तो तुम हमारे यहाँ क्या करने आए हो ? जो अपने लोगों को प्यार नहीं करता, तो उनके लिए लड़ भी नहीं सकता।

ह्यूगो : चूँकि पार्टी का उद्‌देश्य न्यायसंगत था, इसलिए मैं पार्टी में शामिल हुआ। जिस दिन ऐसा नहीं रहेगा, मैं पार्टी छोड़ दूँगा। जहाँ तक लोगों का सवाल है, जो वो है, उसमें मुझे रुचि नहीं है पर जो वो बन सकते हैं, मुझे उसमें रुचि है।

होएडरर : पर मैं, मैं उन्हें वैसे ही पसन्द करता हूँ जैसे कि वो हैं। उनकी सारी बदमाशियों और बुराइयों के साथ ही। मैं उनकी आवाज़ों, उनके गर्म हाथों, उनकी खाल, बिलकुल नंगी खाल, उनकी चिन्ता भरी निगाहों और उनकी मौत और वेदना से निराशापूर्ण लड़ाई, जो उनमें से हरेक लड़ता है, इन सभी चीजों को पसन्द करता हूँ। दुनिया के एक-एक आदमी से मुझे फर्क पड़ता है। मेरे लिए वो अनमोल है, सिर्फ एक संख्या नहीं, एक जीता-जागता

इंसान। तुम, मैं तुम्हें अच्छी तरह जानता हूँ मेरे प्यारे, तुम एक विध्वंसकारी हो। तुम लोगों से घृणा करते हो क्योंकि तुम खुद अपने आप से भी घृणा करते हो। तुम्हारी शुद्धता मौत की शुद्धता है और वो क्रान्ति जिसके तुम सपने देख रहे हो, हमारी क्रान्ति नहीं है। तुम दुनिया को बदलना नहीं, बल्कि इसके परखच्चे उड़ा देना चाहते हो।

ह्यूगो : *(उठ खड़ा होता है)* होएडरर।

होएडरर : ये तुम्हारी गलती नहीं है। तुम सब लोग एक जैसे ही हो। एक बुद्धिजीवी कभी भी सच्चा क्रान्तिकारी नहीं होता; वो सिर्फ एक कातिल बनने लायक ही होता है।

ह्यूगो : एक कातिल! हाँ।

जेसिका : ह्यूगो!

(दोनों के बीच में आ जाती है। दरवाज़े के छेद में चाबी लगने की आवाज़। दरवाजा खुलता है। जॉर्ज और स्लिक अन्दर आते हैं।)

दृश्य-4

वही लोग, स्लिक और जॉर्ज

जॉर्ज : तो तुम यहाँ हो और हम तुम्हें हर जगह तलाश रहे थे।

ह्यूगो : आपको मेरे कमरे की चाबी किसने दी ?

स्लिक : हम उसके अंगरक्षक हैं। इसलिए हमारे पास सभी दरवाज़ों की चाबियाँ हैं।

जॉर्ज : *(होएडरर से)* तुमने तो हमारी जान ही निकाल दी थी। स्लिक की आँख खुली और होएडरर का कुछ पता नहीं ! जब तुम हवा खाने निकलते हो तो तुम्हें हमें बताना चाहिए।

होएडरर : तुम लोग सो रहे थे...

स्लिक : *(आश्चर्यचकित होकर)* तो उससे क्या ? जब तुम्हारी हमें जगाने की इच्छा होती है तब तुम हमें सोने कब देते हो ?

होएडरर : *(हँसता हुआ)* वाकई में, मुझे क्या हो गया था ? *(कुछ*

समय) मैं तुम लोगों के साथ वापस चलता हूँ। कल मिलते हैं छुटके, नौ बजे। हम इस बारे में दोबारा बात करेंगे। *(ह्यूगो जवाब नहीं देता)* फिर मिलेंगे जेसिका।

जेसिका : कल मिलेंगे, होएडरर।

(वो लोग (अंगरक्षक और होएडरर) बाहर जाते हैं।)

दृश्य-5

जेसिका, ह्यूगो

(एक लम्बी चुप्पी)

जेसिका : तब फिर ?

ह्यूगो : फिर क्या ? तुम यहीं तो थी और तुमने सब कुछ अपने कानों से सुन लिया है।

जेसिका : अब तुम क्या सोचते हो ?

ह्यूगो : तुम्हारे हिसाब से मुझे क्या सोचना चाहिए ? मैंने तुमसे कहा था ना कि वो लोमड़ी जैसा चालाक है।

जेसिका : ह्यूगो, वो सही कह रहा था।

ह्यूगो : बेचारी जेसिका ! तुम्हें भला इस बारे में क्या जानकारी है ?

जेसिका : और तुम्हें क्या जानकारी है ? तुम उसके सामने एकदम बौने हो गए थे।

ह्यूगो : भगवान कसम ! मेरे साथ उसका ये खेल अच्छा चला। काश कि उसका पाला लुईस से पड़ता तब इतनी आसानी से उसका पिंड नहीं छूटता।

जेसिका : शायद होएडरर ने उसे भी अपनी जेब में कर लिया होता।

ह्यूगो : *(हँसता हुआ)* हा ! लुईस ने उसका भी पुलिन्दा बाँध दिया होता, तुम उसे नहीं जानती। लुईस धोखा नहीं खा सकता !

जेसिका : क्यों भला ?

ह्यूगो : क्योंकि...क्योंकि वो लुईस है।

जेसिका : ये तुम्हारे दिल की आवाज नहीं है ह्यूगो। जब तुम होएडरर से बात कर रहे थे तो मैंने तुम्हें देखा था। उसने तुम्हें अपने विचारों से सहमत कर लिया था।

ह्यूगो : वो मुझे सहमत नहीं कर पाया। कोई भी मुझे इस बात पर सहमत नहीं कर सकता कि कामरेड्स से झूठ बोला जाए। लेकिन अगर उसने मुझे सहमत कर भी लिया होता तो ये उसके मरने का एक और कारण होता क्योंकि जिन्दा रहा तो बाकी लोगों को भी सहमत कर लेगा। कल सुबह, मैं अपना काम खत्म कर दूँगा।

(पर्दा)

अंक छः

होएडरर का कार्यालय

खिड़की के उखड़े पल्लों के ढाँचे दीवार के सहारे टिकाकर खड़े किए गए हैं। काँच के टुकड़े साफ कर दिए गए हैं। खिड़की वाले छेद को कीलों से टाँगे गए कम्बल से ढक दिया गया है। कम्बल नीचे फर्श तक झूल रहा है।

दृश्य-1

होएडरर, बाद में जेसिका

(दृश्य के आरम्भ में होएडरर पाईप पीता हुआ, छोटे स्टोव पर अपने लिए कॉफी बना रहा है। दरवाज़े पर दस्तक; स्लिक अधखुले दरवाज़े में से सिर भीतर डालता है।)

स्लिक : वो लड़की आपसे मिलना चाहती है।

होएडरर : नहीं।

स्लिक : कहती है कि ये बहुत जरूरी है।

होएडरर : अच्छा तो आने दो। *(जेसिका भीतर आती है, स्लिक चला जाता है।)* हाँ, क्या हुआ ? *(वो चुप खड़ी रहती है)* अन्दर आओ *(वो अपना चेहरा अपने बालों में छिपाए दरवाज़े पर खड़ी रहती है।)* मुझे लगता है कि तुम मुझसे कुछ कहना चाहती हो। *(वो हाँ में सिर हिलाती है।)* ठीक है, जल्दी से कहो और चली जाओ।

जेसिका : आप हमेशा इतनी जल्दी में होते हैं...

होएडरर : मैं काम कर रहा हूँ।

जेसिका : आप अभी काम नहीं कर रहे थे आप कॉफी बना रहे थे। मुझे भी एक कप मिलेगी ?

होएडरर : हाँ *(कुछ समय)* तो क्या बात है ?

जेसिका : मुझे थोड़ा समय दीजिए। आप से बात करना कितना मुश्किल है ! आप यहाँ ह्यूगो का इन्तजार कर रहे है जबकि उसने अभी दाढ़ी बनाना भी शुरू नहीं किया है।

होएडरर : अच्छा। तुम्हारे पास खुद को सँभालने के लिए पाँच मिनट हैं और ये लो कॉफी।

जेसिका : मुझसे कुछ बात कीजिए।

होएडरर : क्या ?

जेसिका : मुझ से कुछ बात कीजिए ताकि मैं खुद को, अपने विचारों को सँभाल सकूँ।

होएडरर : मुझे तुम से कुछ नहीं कहना है और मुझे औरतों से बात करनी आती भी नहीं।

जेसिका : आती है। बहुत अच्छी तरह।

होएडरर : ऊँह ?

(कुछ समय)

जेसिका : कल रात...

होएडरर : कल रात क्या ?

जेसिका : कल रात मैंने पाया कि आप बिलकुल सही कह रहे थे।

होएडरर : सही कह रहा था ? ओह *(कुछ समय)* धन्यवाद, तुमने मेरी हौसला अफजाई की।

जेसिका : आप मेरा मज़ाक उड़ा रहे हैं।

होएडरर : हाँ।

जेसिका : अगर मैं पार्टी में शामिल हुई होती तो मेरा क्या किया जाता ?

होएडरर : तुम्हें पार्टी में शामिल होने की इजाजत मिलती भी, पहला सवाल तो यही है।

जेसिका : पर अगर मुझे शामिल होने दिया जाता तो मेरा क्या किया जाता ?

होएडरर : क्या मालूम ! *(कुछ समय)* तुम यही पूछने मेरे पास आई हो ?

जेसिका : नहीं।

होएडरर : तो फिर क्या बात है ? तुम ह्यूगो से नाराज हो और तुम जाना चाहती हो !

जेसिका : नहीं। अगर मैं चली जाऊँ तो आपको अफसोस होगा।

होएडरर : बल्कि मुझे खुशी होगी। मैं शान्तिपूर्वक काम कर पाऊँगा।

जेसिका : आप सचमुच ऐसा नहीं सोचते।

होएडरर : नहीं ?

जेसिका : नहीं। *(कुछ समय)* कल जब आप हमारे यहाँ आए तो आप बहुत अकेले लग रहे थे।

होएडरर : तो फिर ?

जेसिका : अकेलेपन से त्रस्त आदमी में एक खास आकर्षण होता है।

होएडरर : इतना खास आकर्षण कि तुरन्त उसे संग-साथ देने की इच्छा होने लगती है और फिर वो अकेला नहीं रहता : दुनिया बहुत बुरी है।

जेसिका : अह। मेरे साथ आप पूरी तरह अकेले रह सकते हैं। मैं ज्यादा परेशान नहीं करती।

होएडरर : तुम्हारे साथ ?

जेसिका : यूँ ही एक बात कह रही हूँ। *(कुछ समय)* आपने शादी की थी ?

होएडरर : हाँ।

जेसिका : पार्टी की ही किसी औरत से ?

होएडरर : नहीं।

जेसिका : पर आप खुद ही तो कह रहे थे कि पार्टीवालों को हमेशा पार्टी की ही औरतों से शादी करनी चाहिए।

होएडरर : बिलकुल सही बात है।

जेसिका : वो खूबसूरत थी।

होएडरर : ये दिन-विशेष और खूबसूरती की अपनी परिभाषा पर निर्भर करता है।

जेसिका : और मैं, मैं आपको सुन्दर लगती हूँ ?

होएडरर : तुम मेरी खिंचाई कर रही हो ?

जेसिका : *(हँसते हुए)* हाँ।

होएडरर : पाँच मिनट हो गए। अब या तो अपनी बात कह डालो या

बाहर जाओ।

जेसिका : आप उसे नुकसान तो नहीं पहुँचाएँगे।

होएडरर : किसे ?

जेसिका : ह्यूगो को। आप उसे दोस्त मानते हैं, है ना ?

होएडरर : अह। यहाँ भावनाओं का काम नहीं। वो मुझे मारना चाहता है। तुम मुझे यही बताने आई थी ना ?

जेसिका : उसे नुकसान मत पहुँचाना।

होएडरर : नहीं, मैं उसे नुकसान नहीं पहुँचाऊँगा।

जेसिका : आपको...आपको ये बात मालूम थी ?

होएडरर : कल से ही। वो मुझे कैसे मारना चाहता है ?

जेसिका : मतलब ?

होएडरर : मतलब किस हथियार से ? हथगोले से, रिवाल्वर से, कुल्हाड़ी से, तलवार से, जहर देकर, किस तरह से ?

जेसिका : रिवाल्वर से।

होएडरर : मुझे ये कहीं अधिक पसन्द है।

जेसिका : आज जब वो आएगा तो उसके पास उसका रिवाल्वर होगा।

होएडरर : ठीक। ठीक। ठीक, पर तुम उसका भेद क्यों खोल रही हो ? तुम्हें उससे कोई नाराज़गी है ?

जेसिका : नहीं तो। पर...

होएडरर : तो फिर ?

जेसिका : उसने मेरी मदद माँगी थी।

होएडरर : और तुम्हें लगा कि इस तरीके से उसकी मदद करोगी ? तुमने तो मुझे हैरान कर दिया !

जेसिका : उसकी आपको मारने की जरा भी इच्छा नहीं है। रत्ती भर भी नहीं। वो आपको बहुत अधिक पसन्द करता है। सिर्फ उसे ऐसे आदेश मिले हुए हैं। वो इस बात को नहीं कहेगा पर मुझे पूरा यकीन है कि अगर उसे इन आदेशों को पूरा करने से रोक दिया जाए तो उसे दिल की गहराइयों से खुशी होगी।

होएडरर : देखते हैं।

जेसिका : आप क्या करनेवाले हैं ?

होएडरर : अभी तक तो पता नहीं।

जेसिका : स्लिक के द्वारा बहुत नर्माई से उसका हथियार ले लीजिए। उसके पास सिर्फ एक रिवाल्वर ही है। अगर इसे उससे ले लिया जाए तो काम बन जाएगा।

होएडरर : नहीं, इससे उसका अपमान होगा। लोगों के सम्मान को ठेस नहीं पहुँचानी चाहिए। मैं उससे बात करूँगा।

जेसिका : आप उसे उसके हथियार समेत भीतर आने देंगे ?

होएडरर : क्यों नहीं ? मैं उसे अपने विचारों से सहमत करना चाहता हूँ। सिर्फ पाँच मिनट का खतरा है, इससे ज्यादा नहीं। अगर वो आज हमला नहीं करता है तो फिर कभी नहीं करेगा।

जेसिका : *(अचानक ही)* मैं नहीं चाहती कि वो आपको मार डाले।

होएडरर : अगर मुझे मार डाला जाए तो इससे तुम्हें अफसोस होगा ?

जेसिका : मुझे तो खुशी ही होगी।

(दरवाज़े पर दस्तक)

स्लिक : ह्यूगो आया है।

होएडरर : एक सेकेंड। *(स्लिक दरवाजा दुबारा बन्द कर देता है।)* *(जेसिका से)* खिड़की से भाग जाओ।

जेसिका : मैं आप को अकेला छोड़कर जाना नहीं चाहती।

होएडरर : अगर तुम यहाँ रुकी तो वो यकीनन गोली चलाएगा। तुम्हारे सामने वो अपनी शेखी नहीं छोड़ेगा। जाओ, बाहर जाओ।

(वो खिड़की से बाहर जाती है और उसके पीछे खिड़कीवाला कम्बल दुबारा गिर जाता है।)

उसे भीतर आने दो।

दृश्य-2

ह्यूगो, होएडरर

(ह्यूगो भीतर आता है। होएडरर दरवाज़े तक जाता है और उसके बाद ह्यूगो के साथ-साथ उसकी मेज तक जाता है। वो उसके पास ही बना रहता है, उससे बातें

करते हुए उसके हाव-भाव पढ़ता रहता है। अगर ह्यूगो अपना रिवाल्वर निकालना चाहे तो उसका हाथ पकड़ने के लिए पूरी तरह तैयार।)

होएडरर : तो कैसे हो ? रात अच्छी नींद आई ?

ह्यूगो : यूँ ही।

होएडरर : खुमार चढ़ा था।

ह्यूगो : बुरी तरह से।

होएडरर : तो तुमने तय कर लिया है ?

ह्यूगो : *(आश्चर्यचकित हो जाता है)* क्या तय कर लिया ?

होएडरर : कल रात तुमने कहा था कि अगर तुम मेरे विचार नहीं बदलवा सके तो तुम मुझे छोड़ जाओगे।

ह्यूगो : मैं अपनी बात पर अडिग हूँ।

होएडरर : बहुत बढ़िया। इस बारे में बाद में बात करेंगे। तब तक चलो काम करते हैं। बैठ जाओ *(ह्यूगो अपनी मेज के सामने बैठ जाता है।)* तो हम कहाँ थे ?

ह्यूगो : *(अपने नोट्स पढ़ता हुआ)* ताजा व्यावसायिक गणना के आँकड़ों के अनुसार 1906 में खेतिहर मजदूरों की संख्या अस्सी लाख, सात सौ इकहत्तर हजार से गिर कर...

होएडरर : वैसे क्या तुम जानते हो कि वो बम एक औरत ने फेंका था ?

ह्यूगो : एक औरत ने ?

होएडरर : स्लिक को फूलों की क्यारी में उसके पाँव के निशान मिले हैं। तुम उसे जानते हो ?

ह्यूगो : भला मैं उसे कैसे जानूँगा ?

(चुप्पी)

होएडरर : कितनी अजीब बात है !

ह्यूगो : बहुत।

होएडरर : तुम्हें देखकर लगता नहीं कि तुम्हें ये बात अजीब लगी। तुम्हें क्या हुआ है ?

ह्यूगो : मेरी तबीयत ठीक नहीं है।

होएडरर : तुम्हें आधे दिन की छुट्टी चाहिए ?

ह्यूगो : नहीं। चलिए काम करें।

होएडरर : तो ये वाक्य दुबारा से शुरू करते हैं।

ह्यूगो : *(अपने नोट्स उठाता है और दुबारा से पढ़ने लगता है।)* 'गणना के आँकड़ों के अनुसार...'

(होएडरर हँसने लगता है, ह्यूगो झटके से सिर उठाकर ऊपर देखता है।)

होएडरर : तुम्हें पता है कि वो क्यों चूक गई ! मैं शर्त बद सकता हूँ कि उसने बम आँखें बन्द करके फेंका था।

ह्यूगो : *(बेध्यानी से)* क्यों ?

होएडरर : शोर के कारण। शोर न सुनने के लिए वो अपनी आँखें बन्द कर लेती है। जैसे चाहो इसकी व्याख्या कर लो। ये सब चुहियाएँ शोर से डरती हैं। अगर ये कमी न हो तो वो बड़ी शानदार कातिल बनें। तुम्हें पता है कि वो बड़ी अडियल होती हैं। वे पके-पकाए विचार स्वीकार कर लेती हैं और उन्हें ब्रह्म वाक्य समझ लेती हैं। जबकि हम लोग, सिर्फ उसूलों के मतभेद के कारण किसी भले आदमी पर गोली चलाना हमारे लिए आसान नहीं है क्योंकि हम विचारों का निर्माण करते हैं और हम ये भी जानते हैं कि उनका निभाव कैसे होता है। हमें कभी भी अपने सही होने का पूरा यकीन नहीं होता। तुम्हें अपने सही होने का यकीन है ?

ह्यूगो : यकीन है।

होएडरर : वैसे भी तुम एक कातिल नहीं बन पाओगे। ये पेशे का सवाल है।

ह्यूगो : अगर पार्टी ऐसा आदेश दे तो कोई भी कत्ल कर सकता है।

होएडरर : अगर पार्टी तुम्हें अधर में तनी हुई रस्सी पर नाचने को कहे तो तुम्हें लगता है कि तुम ऐसा कर पाओगे ? कोई कातिल जन्म से ही कातिल होता है। तुम बहुत सोच-विचार करते हो : तुम ये काम नहीं कर पाओगे।

ह्यूगो : अगर मैंने तय कर लिया है तो मैं कर लूँगा।

होएडरर : राजनीति पर तुम्हारे विचारों से अगर मैं सहमत न होऊँ तो तुम मेरी दोनों आँखों के बीचोंबीच गोली दागकर, निर्ममता

से मुझे कत्ल कर सकोगे ?

ह्यूगो : अगर मैंने ऐसा करना तय कर लिया हो या पार्टी ने मुझे ऐसा आदेश दिया हो तो हाँ।

होएडरर : तुमने तो मुझे हैरान कर डाला। *(ह्यूगो अपना हाथ जेब में डालने लगता है पर होएडरर उसका हाथ पकड़कर जल्दी से मेज के ऊपर रख देता है।)* मान लो कि इस हाथ में हथियार है और ये वाली उँगली घोड़े पर है।...

ह्यूगो : मेरा हाथ छोड़ दीजिए।

होएडरर : *(बिना हाथ छोड़े हुए)* मान लो कि जैसे मैं अभी खड़ा हूँ, इसी तरह मैं तुम्हारे सामने खड़ा हूँ और तुम मुझ पर निशाना लगा रहे हो...

ह्यूगो : मुझे छोड़ दीजिए और चलिए काम करते हैं।

होएडरर : तुम मुझे देखते हो और ठीक गोली चलाने के क्षण तुम्हारे दिमाग में विचार उठता है। 'अगर कहीं वही सही हुआ तो ?' तुम बात समझ रहे हो ?

ह्यूगो : मैं इस बारे में नहीं सोचूँगा। मैं गोली चलाने को छोड़कर किसी बारे में नहीं सोचूँगा।

होएडरर : तुम सोचोगे। बुद्धिजीवी सोचे बिना रह ही नहीं सकता। घोड़ा दबाने से पहले तुम अपने काम के सभी सम्भव परिणामों की कल्पना कर चुके होगे। एक पूरी जिन्दगी भर के काम की बर्बादी, एक धराशायी नीति, मेरी जगह लेनेवाला और कोई व्यक्ति उपलब्ध नहीं और पार्टी के शायद कभी भी सत्ता हासिल न करने की सम्भावना का श्राप...

ह्यूगो : मैं आपको बता रहा हूँ कि मैं इन सब चीजों के बारे में नहीं सोचूँगा।

होएडरर : तुम सोचने से खुद को रोक नहीं पाओगे और यही बेहतर भी होगा क्योंकि जैसे तुम ही, उस हिसाब से अगर तुमने पहले नहीं सोचा तो बाद में सोचने के लिए तुम्हारी पूरी जिन्दगी भी काफी नहीं होगी। *(कुछ समय)* कत्ल का खेल खेलने की तुम लोगों को क्या हवस है ? कातिल कल्पनाहीन आदमी होते हैं। किसी को कत्ल करने से उन्हें

कोई फर्क नहीं पड़ता क्योंकि उन्हें इस बात का जरा भी अन्दाजा नहीं होता कि जिन्दगी चीज क्या है। मुझे ऐसे लोग कहीं ज्यादा पसन्द हैं जिन्हें दूसरों की मौत से डर लगता है। ये इस बात का सबूत है कि वो जीना जानते हैं।

ह्यूगो : पर मैं जिन्दा रहने के लिए नहीं बना; मैं नहीं जानता कि जिन्दगी होती क्या है और न ही मुझे ये जानने की जरूरत ही है। मैं सबकी राह का रोड़ा हूँ। मेरी कहीं कोई जगह नहीं और हर कोई मुझसे परेशान है। कोई मुझे नहीं चाहता, कोई मुझ पर यकीन नहीं करता।

होएडरर : पर मैं तो तुम पर यकीन करता हूँ।

ह्यूगो : आप ?

होएडरर : बिलकुल। तुम एक छोटे बच्चे हो जिसे बड़ा होने में परेशानी हो रही है पर अगर इस राह पर कोई तुम्हारी मदद कर दे तो समाज में स्वीकार्य आदमी बनोगे। अगर मैं उनके बमों हथगोलों से बच गया तो मैं तुम्हें अपने साथ रखूँगा और तुम्हारी मदद करूँगा।

ह्यूगो : मुझे ये बात क्यों बता रहे हैं ? आज ही क्यों बता रहे हैं ?

होएडरर : *(उसका हाथ छोड़ते हुए)* तुम्हें ये बात साबित करने के लिए कि जब तक कि कोई विशेषज्ञ ही न हो तब तक कोई किसी आदमी को निर्ममता से नहीं उड़ा सकता।

ह्यूगो : अगर मैंने तय कर लिया हो तो मैं ये कर सकूँगा। *(एक निराशा से भरकर मानो अपने आप से ही बात कर रहा हो)* मैं ये कर सकूँगा।

होएडरर : तुम मुझे मार सकोगे जबकि मैं तुम्हारी तरफ देख रहा होऊँ ? *(दोनों एक-दूसरे को देखते हैं। होएडरर मेज से अलग हटकर एक कदम पीछे हटता है)* सच्चे कातिलों को इस बात का रत्ती भर भी अन्दाजा नहीं होता कि दिमागों के भीतर क्या चल रहा है। जबकि तुम, तुम ये बात जानते हो। क्या तुम वो सब सहन कर पाओगे जो मेरे दिमाग में चल रहा होगा जब मैं तुम्हें मुझ पर निशाना साधते देखूँगा? *(कुछ समय, उस पर नजरें जमाए हुए ही)* कॉफी लोगे ?

(ह्यूगो जवाब नहीं देता) कॉफी तैयार है : तुम्हें एक कप देता हूँ। *(वो अपनी पीठ ह्यूगो की तरफ करके एक कप में कॉफी उड़ेलता है। ह्यूगो उठता है और रिवाल्वरवाली जेब में हाथ डालता है। उसके चेहरे पर उसका अन्तर्द्वन्द्व साफ दिखाई पड़ता है। एक क्षण बाद होएडरर पलटता है और भरा हुआ कप लेकर शान्ति से ह्यूगो की तरफ आता है और कप ह्यूगो की तरफ बढ़ता है)* ये लो। *(ह्यूगो कप ले लेता है।)* अब अपना रिवाल्वर मुझे दे दो। लाओ, इसे मुझे दे दो। तुमने देखा ना कि मैंने तुम्हें अच्छा-खासा मौका दिया और तुमने इसका फायदा नहीं उठाया। *(वो ह्यूगो की जेब में हाथ डालकर रिवाल्वर निकाल लेता है।)* ये तो एक खिलौना भर है। *(वो अपने डेस्क की तरफ जाता है और रिवाल्वर उस पर फेंक देता है।)*

ह्यूगो : मैं आपसे नफरत करता हूँ।

होएडरर : अरे नहीं, तुम मुझसे नफरत नहीं करते। भला मुझसे नफरत करने के तुम्हारे पास क्या कारण हैं ?

ह्यूगो : आप मुझे कायर समझते हैं।

होएडरर : क्यों ? बल्कि बात इसके विपरीत है। तुम मारना नहीं जानते पर इससे ये निष्कर्ष नहीं निकाला जा सकता कि तुम मरना भी नहीं जानते होगे।

ह्यूगो : मेरी उँगली घोड़े पर थी।

होएडरर : हाँ।

ह्यूगो : और मैं...*(चेहरे पर अक्षमता का भाव।)*

होएडरर : ठीक। मैंने तुम्हें बताया था ना कि ये उससे कहीं अधिक मुश्किल है जितना कि हम सोचते हैं।

ह्यूगो : मैं जानता था कि आपने जान-बूझकर मेरी तरफ पीठ की थी और इसीलिए मैं...

होएडरर : ओह ! वैसे भी तुम नहीं कर पाते।

ह्यूगो : मैं गद्दार नहीं हूँ।

होएडरर : गद्दारी की बात कौन कर रहा है ! गद्दारी भी पेशे की बात है।

ह्यूगो : वो मुझे गद्दार समझेंगे क्योंकि मैंने उनका सौंपा हुआ काम

नहीं किया।

होएडरर : वो लोग कौन ? *(चुप्पी)* तुम्हें लुईस ने भेजा था ? *(चुप्पी)* तुम कुछ बताना नहीं चाहते। ठीक ही है। *(कुछ समय)* सुनो, तुम्हारी किस्मत मेरी किस्मत के साथ जुड़ी है। कल से ही इस खेल के सारे तुरुप के पत्ते मेरे हाथ में है और मैं हम दोनों को ही बचाने की कोशिश करूँगा। कल मैं शहर जाऊँगा और लुईस से बात करूँगा। वो कड़ियल है तो मैं भी सख्तजान हूँ। तुम्हारे बाकी साथियों से भी सुलट लिया जाएगा पर सबसे अधिक मुश्किल तो तुम्हारा खुद से सुलटना है।

ह्यूगो : मुश्किल, इसमें बहुत ज्यादा देर नहीं लगेगी। सिर्फ मुझे रिवाल्वर लौटा दीजिए।

होएडरर : नहीं।

ह्यूगो : अगर मैं खुद को गोली मार लूँ तो इसमें आपका क्या बिगड़ता है ? मैं तो आपका दुश्मन हूँ।

होएडरर : सबसे पहली बात तो ये कि तुम मेरे दुश्मन नहीं हो और दूसरे तुम अभी भी काम आ सकते हो।

ह्यूगो : आप अच्छी तरह जानते हैं कि मैं खत्म हो चुका हूँ।

होएडरर : कैसी बात करते हो ! तुम अपने आप को ये साबित करना चाहते थे कि तुम किसी सार्थक कार्रवाई करने के काबिल हो और तुमने इसके लिए एक कठिन रास्ता चुना : जैसे कोई स्वर्ग पाने के लिए चुनता है। ये तुम्हारा नहीं, तुम्हारी उम्र का कसूर है। तुम सफल नहीं हुए। ठीक है। उससे क्या ? कुछ साबित करने की कोई जरूरत नहीं। तुम्हें पता है कि क्रान्ति योग्यता का नहीं, कौशल का मामला है और इस राह में पाने के लिए कोई स्वर्ग भी नहीं है। सिर्फ करने को काम है और हमें वही काम करना चाहिए जिसकी काबिलियत हममें हो। अगर ये काम आसान हो तो और भी बेहतर। बेहतरीन काम वो नहीं जिसके लिए आपको सबसे ज्यादा कीमत चुकानी पड़े; बेहतरीन काम वो है जिसमें आपके सफल होने की सबसे ज्यादा सम्भावनाएँ हैं।

ह्यूगो : मुझमें किसी काम की काबिलियत नहीं।

होएडरर : तुममें लिखने की काबिलियत है।

ह्यूगो : लिखने की। शब्द, हमेशा सिर्फ शब्द।

होएडरर : तो क्या हुआ ? सफलता ही मुख्य बात है। एक असफल कातिल होने से बेहतर एक सफल संवाददाता होना है।

ह्यूगो : *(हिचकिचाते हुए, पर एक तरह से विश्वास के साथ।)* अगर आप मेरी उम्र के होते तो...

होएडरर : तो क्या ?

ह्यूगो : तो मेरी जगह होने पर आपने क्या किया होता ?

होएडरर : मैंने ? मैंने गोली चला दी होती लेकिन ये मेरी क्षमता के अनुसार मेरा बेहतरीन काम नहीं होता और फिर हम एक ही तरह के नहीं हैं।

ह्यूगो : काश कि मैं भी आपकी तरह का ही होता ! कितना अच्छा रहता !

होएडरर : तुम्हें ऐसा लगता है ? *(थोड़ा हँसता है)* बाद में किसी दिन मैं तुमसे इस बारे में बात करूँगा।

ह्यूगो : बाद में किसी दिन ? *(कुछ समय)* होएडरर, मैं मौका चूक गया और अब मैं जानता हूँ कि मैं आप पर कभी गोली नहीं चला पाऊँगा क्योंकि...क्योंकि मैं आपकी कद्र करता हूँ लेकिन आपको कोई गलतफहमी नहीं होनी चाहिए। कल रात को जिस विषय में हमारी बहस हुई थी, उस पर मैं आपसे कभी सहमत नहीं हो पाऊँगा। मैं कभी भी आपके आदमियों में से नहीं हो पाऊँगा। मैं ये नहीं चाहता कि आप मेरी रक्षा करें। न कल, न ही किसी और दिन।

होएडरर : जैसी तुम्हारी मर्जी।

ह्यूगो : और अब मैं आपसे विदा चाहूँगा। मैं इस पूरे किस्से पर विचार करना चाहता हूँ।

होएडरर : तुम मुझसे वादा करते हो कि मुझसे दुबारा मिले बगैर, तुम कोई बेवकूफी नहीं करोगे ?

ह्यूगो : अगर आप ऐसा चाहते हैं तो यूँ ही सही।

होएडरर : तब जाओ, जाकर थोड़ी हवा खाओ और जब आ सको, आ जाना और भूलना मत कि तुम मेरे सचिव हो। जब तक कि तुम मुझे ही न उड़ा दो या मैं ही तुम्हें बर्खास्त न कर

दूँ, तुम मेरे लिए काम करोगे। *(ह्यूगो जाता है, होएडरर दरवाज़े की तरफ जाता है।)* स्लिक !

स्लिक : जी ?

होएडरर : छुटका परेशान है। उस पर दूर से नजर रखना। अगर जरूरी हो तो उसे अपना भेजा उड़ाने से रोकना लेकिन नर्माई से और अगर वो थोड़ी देर में वापस आना चाहे तो आने देना। उसके आने की सूचना देने के बहाने से उसका रास्ता मत रोकना। उसे उसकी मनमर्जी से आने-जाने देना। हमें उसे उत्तेजित नहीं करना चाहिए।

(दरवाज़ा फिर से बन्द करता है। स्टोववाली मेज की तरफ वापस जाता है और अपने लिए एक कप में कॉफी उँड़ेलता है। जेसिका खिड़की पर लटके कम्बल को हटा कर भीतर आती है।)

दृश्य-3

जेसिका, होएडरर

होएडरर : तुम फिर आ गई, जहर की पुड़िया ? अब तुम चाहती क्या हो ?

जेसिका : मैं खिड़की की देहरी पर ही बैठी हुई थी और मैंने सब कुछ सुना।

होएडरर : फिर ?

जेसिका : मैं डर गई थी।

होएडरर : चाहती तो तुम जा सकती थी।

जेसिका : मैं आपको अकेला नहीं छोड़ सकती थी।

होएडरर : तुम मेरी कोई बहुत बड़ी मदद नहीं कर पाती।

जेसिका : जानती हूँ *(कुछ समय)* शायद मैं आपके सामने कूद पड़ती और आपकी जगह गोली खा लेती।

होएडरर : तुम कितनी रोमानी हो !

जेसिका : आप भी।

होएडरर : क्या ?

जेसिका : आप भी रोमानी हैं। उसका अपमान न करने के लिए आपने अपनी जान का खतरा उठाया।

होएडरर : अगर इसकी कीमत जानती हो तो कभी-कभी इसे दाँव पर लगाना चाहिए।

जेसिका : आप उसकी मदद का प्रस्ताव रख रहे थे और वो इसे स्वीकार नहीं करना चाहता था और आपने उसका हौसला कम नहीं किया और उसे ऐसा दिखाया कि आप उसे पसन्द करते हैं।

होएडरर : तो... ?

जेसिका : कुछ नहीं। बस यही सब।

(दोनों एक-दूसरे को देखते हैं।)

होएडरर : चली जाओ। *(वो खड़ी रहती है)* जेसिका, मुझे वो चीज ठुकराने की आदत नहीं है जो मुझे भेंट की जाए और मैंने छह महीने से किसी औरत को हाथ तक नहीं लगाया है। अभी भी वक्त है कि तुम चली जाओ पर पाँच मिनट बाद इसके लिए बहुत देर हो चुकी होगी। तुम मेरी बात सुन रही हो? *(वो खड़ी रहती है)* उसका दुनिया में तुम्हारे सिवा कोई नहीं और उसका बड़ी कठिन परिस्थितियों से सामना होनेवाला है। उसे किसी की जरूरत है जो उसकी हिम्मत बँधा सके।

जेसिका : आप ही उसकी हिम्मत बँधा सकते हैं, मैं नहीं। हम लोग तो एक-दूसरे को चोट ही पहुँचाते हैं।

होएडरर : तुम लोग एक-दूसरे से प्यार करते हो ?

जेसिका : वो भी नहीं। हम दोनों बहुत अधिक मिलते-जुलते स्वभाव के हैं।

(कुछ समय)

होएडरर : ये सब कब आया ?

जेसिका : क्या ?

होएडरर : यही सब तुम्हारे दिमाग में कब आया ?

होएडरर : पता नहीं। मुझे लगता है कि कल, जब आपने मुझे देखा और तब आप बहुत अकेले लग रहे थे।

होएडरर : अगर मुझे पता होता तो...

जेसिका : तो आप नहीं आए होते ?

होएडरर : मैं... *(उसे देखता है और कन्धे उचकाता है। कुछ समय)* मेरे प्रभु। अगर तुम इतनी ही दुखी थी तुम्हारा दिल बहलाने के लिए स्लिक और जॉर्ज हैं। तुमने मुझे ही क्यों चुना ?

जेसिका : न तो मैं दुखी हूँ और न ही मैंने किसी को चुना। मुझे चुनने की जरूरत नहीं थी।

होएडरर : तुम मुझे पागल बनाए दे रही हो। *(कुछ समय)* लेकिन तुम किस चीज का इन्तजार कर रही हो ? तुम जाती क्यों नहीं ? मेरे पास तुमसे मगजमारी का समय नहीं है। तुम ये तो नहीं चाहती कि मैं तुम्हें इस दीवान पर लिटा दूँ और बाद में तुम्हें छोड़ दूँ।

जेसिका : खुद तय कीजिए।

होएडरर : वैसे तुम्हें पता ही होगा...

जेसिका : मुझे कुछ नहीं पता। मैं न तो औरत हूँ और न लड़की। मैं अब तक एक ख्वाब में जीती थी और जब मुझे चूमा जाता था तो इससे मुझे हँसने की इच्छा होती थी। अब मैं आपके सामने हूँ, मुझे ऐसा लगता है कि मैं अभी-अभी जागी हूँ और अभी-अभी ही सुबह हुई है। आप सच्चे हैं, हाड़-मांस के एक सच्चे मर्द। मुझे आपसे सच में डर लगता है और मुझे लगता है कि मैं आपको सच में प्यार करने लगी हूँ। आप मेरे साथ जो चाहे सो कर सकते हैं। कुछ भी हो जाए, मैं आपको किसी बात के लिए दोष नहीं दूँगी।

होएडरर : चूमे जाने पर तुम्हें हँसने की इच्छा होती है ? *(जेसिका सिर झुका लेती है)* ऐसा है क्या ?

जेसिका : हाँ।

होएडरर : तब तुम ठंडी हो ?

जेसिका : वो लोग तो ऐसा ही कहते हैं।

होएडरर : और तुम, तुम खुद इस बारे में क्या सोचती हो ?

जेसिका : पता नहीं।

होएडरर : चलो देखते हैं। *(उसे चूमता है)* तो ?

जेसिका : इससे मुझे हँसने की इच्छा नहीं हुई। *(दरवाज़ा खुलता है, ह्यूगो अन्दर आता है।)*

दृश्य-4

होएडरर, ह्यूगो, जेसिका

ह्यूगो : तो ये बात थी ?

होएडरर : ह्यूगो...

ह्यूगो : चुप रहिए *(कुछ समय)* तो इसलिए आपने मुझे बख्श दिया। मैं भी हैरान था कि उसने अपने आदमियों से कहकर मुझे गोली क्यों नहीं मरवा दी, बाहर ही क्यों नहीं फिंकवा दिया। मैंने खुद से कहा कि वो इतना पागल या इतना उदार नहीं हो सकता। पर अब सब कुछ साफ हो गया। ये मेरी बीवी की वजह से था। मुझे ये बात ज्यादा पसन्द है।

जेसिका : सुनो ह्यूगो...

ह्यूगो : जाने दो जेसिका, जाने दो। मुझे तुमसे कोई गिला नहीं और मुझे ईर्ष्या नहीं है। हम एक-दूसरे को प्यार नहीं करते मगर उसने मुझे अपने पिंजरे में फँसा ही लिया था। 'मैं तुम्हारी मदद करूँगा। मैं एक परिपक्व आदमी बनने में तुम्हारी मदद करूँगा।' मैं कितना मूर्ख था। उसे भला मेरी परवाह क्यों होती !

होएडरर : ह्यूगो, अगर तुम चाहो तो मैं तुम्हें वचन देता हूँ कि...

ह्यूगो : माफी मत माँगिए। इसके उलटे मैं आपका आभारी हूँ। कम-से-कम इस एक बार तो आपने मुझे आपको व्याकुल होते देखने की खुशी दी। और फिर...और फिर...*(झपटकर मेज पर रखी रिवाल्वर उठाता है और इसे होएडरर पर तान देता है।)* और फिर आपने मुझे आजाद कर दिया।

जेसिका : *(चीखते हुए)* ह्यूगो।

ह्यूगो : देखिए होएडरर मैं आपकी आँखों में आँखें डालकर देख रहा हूँ। मैंने आप पर निशाना लगा रखा है और मेरा हाथ काँप नहीं रहा और जो आपके दिमाग में चल रहा है, मुझे उसकी रत्ती भर भी परवाह नहीं। मेरी जूती से।

होएडरर : रुको छुटके, पागलपन मत करो। एक औरत के लिए नहीं।

(ह्यूगो तीन बार गोली चलाता है। जेसिका चीखने

लगती है। स्लिक और जॉर्ज कमरे में आते हैं।)

होएडरर : कमबख्त ! तुमने सब कुछ बर्बाद कर दिया।

स्लिक : हरामी *(अपना रिवाल्वर तानता है)*

होएडरर : कोई भी उसे नुकसान मत पहुँचाना *(एक आराम कुर्सी में गिर जाता है।)* उसने ईर्ष्या के कारण गोली चलाई है।

स्लिक : इसका क्या मतलब हुआ ?

होएडरर : मैं उसकी बीवी के साथ सो रहा था *(कुछ समय)* ओह, क्या पागलपन है ! *(मर जाता है।)*

(पर्दा)

अंक सात

ओल्गा के कमरे में।

(अंक सात का एकमात्र दृश्य)
(पहले अँधेरे में उनकी आवाजें सुनाई देती हैं और फिर धीरे-धीरे मंच पर रोशनी होती है।)

ओल्गा : क्या ये सच था ? क्या तुमने सचमुच उसे जेसिका की वजह से मारा ?

ह्यूगो : मैं इतना ही जानता हूँ कि मैंने उसे मारा क्योंकि मैंने दरवाज़ा खोल दिया था। अगर मैंने दरवाज़ा नहीं खोला होता तो...वो वहाँ था, उसने अपनी बाँहों में जेसिका को पकड़ा हुआ था, उसकी ठोड़ी पर लिपस्टिक का निशान था। ये सब तुच्छ बातें हैं। मैं लम्बे समय से इस दुखान्त नाटक में जी रहा था। इस दुखान्त नाटक को बचाए रखने के लिए ही मैंने गोली चलाई।

ओल्गा : तुम्हें ईर्ष्या नहीं हुई थी ?

ह्यूगो : ईर्ष्या ? शायद, पर जेसिका के कारण नहीं।

ओल्गा : मेरी तरफ देखो और मुझे ईमानदारी से जवाब दो क्योंकि जो मैं पूछने जा रही हूँ, उसका बहुत महत्त्व है। क्या तुम्हें अपने इस काम पर गर्व है ? क्या तुम इस पर दावा करते हो ? अगर दोबारा ऐसा करना पड़े तो क्या तुम करोगे ?

ह्यूगो : मैंने इसे किया भी है ? मारनेवाला मैं नहीं भाग्य था। अगर मैंने दरवाज़ा दो मिनट पहले या दो मिनट बाद खोला होता, मैंने उन्हें एक-दूसरे की बाँहों में न देखा होता तो मैंने गोली नहीं चलाई होती। *(कुछ समय)* मैं उसे ये कहने गया था

कि मुझे उसकी मदद स्वीकार है।

ओल्गा : अच्छा !

ह्यूगो : जिस तरह घटिया पुलिस नॉवलों में होता है, भाग्य ने तीन बार गोली चलाई। जब भाग्य की बात आती है तो तुम 'अगर' की शुरुआत कर सकती हो। "अगर मैं थोड़ा और समय अखरोटों के पेड़ों के सामने रुकी होती, अगर मैं थोड़ा और आगे बगीचे की हद तक गई होती, अगर मैं पैवेलियन में लौट आई होती।" पर मैं इस सब में कहाँ से आया ? ये बिना कातिल का कत्ल था। *(कुछ समय)* जेल में अकसर मैं सोचा करता था कि अगर ओल्गा यहाँ होती तो वो मुझसे क्या कहती ? वो क्या चाहती कि मैं क्या सोचूँ ?

ओल्गा : *(रुखेपन से)* और फिर ?

ह्यूगो : अह ! मुझे अच्छी तरह पता है कि तुमने मुझसे क्या कहा होता। तुमने कहा होता, "विनम्र बनो ह्यूगो, तुम्हारे कारणों, तुम्हारे उद्देश्यों से हमें कुछ मतलब नहीं। हमने तुमसे उस आदमी को मारने के लिए कहा और तुमने उसे मार दिया। परिणाम ही मायने रखता है।" मैं विनम्र नहीं हूँ ओल्गा। मैं कत्ल को इसके उद्देश्यों से अलग नहीं कर पाता।

ओल्गा : मुझे ये ज्यादा पसन्द है।

ह्यूगो : क्यों ? ये बात तुम कह रही हो ओल्गा, तुम जिसने हमेशा मुझे कहा है कि...

ओल्गा : मैं तुम्हें समझा दूँगी। क्या समय हुआ है ?

ह्यूगो : *(अपनी कलाई घड़ी देखता है)* बारह बजने में बीस मिनट।

ओल्गा : ठीक है। अभी हमारे पास समय है। तो तुम क्या कह रहे थे ? कि तुम अपने इस काम को समझ नहीं पाए।

ह्यूगो : बल्कि मुझे लगता है कि मैं इसे बहुत अधिक समझता हूँ। ये सभी चाबियों से खुलनेवाला डिब्बा है। सुनो, अगर मैं चाहूँ तो मैं ऐसा भी कह सकता हूँ कि मैंने उसे राजनीतिक आवेग के कारण मारा और दरवाजा खोलने पर मुझ पर सवार हुए क्षणिक क्रोध ने मेरा ये काम आसान कर दिया।

ओल्गा : *(अनिश्चितता से उसे घूरते हुए)* तुम्हें यकीन है ह्यूगो ? तुम्हें सचमुच ऐसा यकीन है कि तुमने सही कारणों से गोली चलाई थी ?

ह्यूगो : ओल्गा, मुझे सब बातों का यकीन है। मुझे तो ये हैरानी हो रही है कि क्या मैंने उसे सच में मारा है ?

ओल्गा : सच में मारा है ? मतलब ?

ह्यूगो : कि कहीं ये सब भी एक खेल तो नहीं था ?

ओल्गा : तुमने सचमुच घोड़ा दबाया था ?

ह्यूगो : हाँ, मैंने सचमुच उँगली हिलाई थी। मंच पर अभिनेता भी उँगली हिलाते हैं। रुको, ये देखो, मैं अपनी तर्जनी उँगली हिलाता हूँ। मैं तुम पर निशाना साधता हूँ। *(उस पर मुड़ी हुई तर्जनी उँगलीवाले सीधे हाथ से निशाना बाँधता है।)* ये वही इशारा है। शायद मेरे अलावा कुछ भी सच नहीं था। शायद सिर्फ गोली ही सच थी। तुम मुस्कुरा क्यों रही हो ?

ओल्गा : क्योंकि तुम मेरी बहुत-सी उलझनें सुलझा दे रहे हो।

ह्यूगो : मैं बहुत कम उम्र था, मैंने किसी पत्थर की तरह अपने गले में अपराध लटकाना चाहा। और मुझे ये डर भी था कि कहीं ये बहुत भारी न हो। कितनी बड़ी भूल ! ये तो हलका है, भयानक रूप से हलका। इसमें कोई वजन ही नहीं है। मुझे देखो, मैं पहले से बूढ़ा हो गया हूँ। मैंने जेल में दो साल काटे, मैंने खुद को जेसिका से अलग कर लिया और जब तक कि मेरे साथी मुझे मुक्त करने का बीड़ा ना उठाए, तब तक मैं इस अजीब-सी उलझन भरी जिन्दगी का बोझ ढोऊँगा। ये सब मेरे अपराध का फल है, नहीं ? पर फिर भी इसमें कोई वजन नहीं। मुझे इसके किसी वजन का अहसास ही नहीं होता। ना मेरे गर्दन में, न कन्धों पर, ना दिल में। ये मेरी नियति बन चुकी है, समझी। ये बाहर से मेरी जिन्दगी को चलाएगा पर ना तो मैं इसे देख सकता हूँ, न छू सकता हूँ। ये मेरी नहीं है, ये एक घातक बीमारी है जो बिना तड़पाए मार डालती है। पर ये है कहाँ ? क्या इसका कोई अस्तित्व है भी ? हालाँकि

गोली मैंने चलाई थी। दरवाज़ा खुला...मैं होएडरर को पसन्द करता था, दुनिया के किसी भी दूसरे आदमी से ज्यादा पसन्द करता था। मुझे उसे देखना, उसे सुनना पसन्द था। मुझे उसके हाथ, उसका चेहरा पसन्द था और जब मैं उसके साथ होता था तो मेरे अन्दर के सभी तूफान शान्त हो जाते थे। मेरा खुद का अपराध नहीं, पर उसकी मौत मुझे मारे डाल रही है। *(कुछ समय)* आखिरकार कुछ नहीं हुआ, कुछ नहीं। मैंने दस दिन गाँव में बिताए और दो साल जेल में; पर मैं बदला नहीं, मैं अब भी उतना ही बोलता हूँ। कातिलों की कोई खास निशानी रखनी चाहिए जैसे कमीज के काज में पोस्ता लगाकर घूमना। अच्छा फिर ? इन सब बातों से क्या निष्कर्ष निकला ?

ओल्गा : तुम पार्टी में दुबारा शामिल हो रहे हो।

ह्यूगो : अच्छा।

ओल्गा : आधी रात को लुईस और चार्ल्स तुम्हें मारने आएँगे। मैं उनके लिए दरवाज़ा नहीं खोलूँगी। मैं बन्द दरवाज़े में से ही उन्हें बता दूँगी कि तुम्हारी वापसी सम्भव है।

ह्यूगो : *(हँसता है)* वापसी सम्भव है। कितने अजीब शब्द हैं। रसोई में कचरे के बारे में भी कुछ ऐसा ही कहा जाता है ना ?

ओल्गा : तुम राजी हो ?

ह्यूगो : क्यों नहीं !

ओल्गा : कल तुम्हें नए आदेश मिलेंगे ?

ह्यूगो : ठीक हैं।

ओल्गा : ओफ। *(धम्म से गिरकर कुर्सी पर बैठती है।)*

ह्यूगो : क्या हुआ ?

ओल्गा : मैं खुश हूँ। तुम तीन घंटे बोले और इस पूरे समय मैं डरी हुई थी।

ह्यूगो : किस चीज से ?

ओल्गा : इससे कि मुझे उनसे न जाने क्या कहना पड़े पर अब सब कुछ ठीक-ठाक है। तुम हमारे बीच वापस लौट आओगे और तुम मर्दोंवाला काम करोगे।

ह्यूगो : तुम पहले की तरह, मेरी मदद करोगी ?

ओल्गा : हाँ ह्यूगो, मैं तुम्हारी मदद करूँगी।

ह्यूगो : मैं तुम्हें बहुत पसन्द करता हूँ, ओल्गा। तुम बदली नहीं। उतनी ही शुद्ध, उतनी ही स्वच्छ। तुमने मुझे सिखाया कि शुद्धता क्या होती है।

ओल्गा : मैं बूढ़ी हो गई हूँ ?

ह्यूगो : नहीं तो *(उसका हाथ पकड़ता है)*

ओल्गा : इन सारे दिनों तुम्हारे बारे में सोचती रही थी।

ह्यूगो : अच्छा बताओ तो ओल्गा ...

ओल्गा : क्या ?

ह्यूगो : पार्सल भेजनेवाली, ये तुम तो नहीं थी ?

ओल्गा : कौन-सा पार्सल ?

ह्यूगो : चॉकलेटवाला।

ओल्गा : नहीं, ये मैंने नहीं भेजा था पर मुझे पता था कि वो इसे भेजनेवाले हैं।

ह्यूगो : और तुमने उन्हें ऐसा करने दिया ?

ओल्गा : हाँ।

ह्यूगो : पर अन्दर से तुम क्या सोचती थी ?

ओल्गा : ये देखो। *(अपने बाल दिखाती है)*

ह्यूगो : ये क्या हैं ? सफेद बाल ?

ओल्गा : ये एक ही रात में सफेद हो गए। अब तुम मुझे छोड़कर नहीं जाओगे और अगर कोई इसी तरह का मुश्किल काम करना पड़ा तो हम दोनों साथ चलेंगे।

ह्यूगो : *(मुस्कुराता हुआ)* तुम्हें रास्कोलनिकोफ याद है ?

ओल्गा : *(चौंक उठती है)* रास्कोलनिकोफ ?

ह्यूगो : मेरी पहचान गुप्त रखने के लिए तुमने मुझे यही नाम दिया था। अरे ! ओल्गा, तुम भूल भी गई।

ओल्गा : नहीं, मुझे याद है।

ह्यूगो : मैं दुबारा यही नाम रखना पसन्द करूँगा।

ओल्गा : नहीं।

ह्यूगो : क्यों नहीं ? मुझे ये नाम अच्छा लगता है। तुम खुद भी तो कहती थी कि ये नाम मुझे दस्ताने की तरह फिट बैठता है।

ओल्गा : इस नाम से तुम बहुत जाने-पहचाने हुए हो।

ह्यूगो : पहचाना हुआ ? कौन पहचानता है ?

ओल्गा : *(अचानक थकी-सी)* क्या समय हुआ है ?

ह्यूगो : पाँच मिनट बचे हैं।

ओल्गा : सुनो ह्यूगो, और मुझे बीच में टोकना मत। अभी भी मुझे तुम्हें कुछ बताना शेष है। कोई खास बात नहीं। इसे बहुत अधिक महत्त्व देने की जरूरत नहीं। पहले तुम्हें थोड़ी हैरानी तो होगी पर बाद में धीरे-धीरे तुम समझ जाओगे।

ह्यूगो : कहो !

ओल्गा : मुझे...मुझे खुशी है कि तुमने मुझे तुम्हारे...तुम्हारे काम के बारे में बतलाया। अगर तुम्हें इस पर गर्व होता या सन्तुष्टि ही होती तो ये बड़ा मुश्किल होता।

ह्यूगो : मुश्किल होता ? पर क्या ?

ओल्गा : इसे भूलना।

ह्यूगो : इसे भूलना ? पर ओल्गा...

ओल्गा : ह्यूगो, तुम्हें भूलना पड़ेगा। मैं तुमसे कोई बहुत बड़ी चीज नहीं माँग रही हूँ, तुमने खुद ये कहा था कि न तो तुम्हें ये पता है कि तुमने क्या किया है और न ये ही कि तुमने ऐसा क्यों किया। तुम्हें होएडरर को मारने का भी पूरा यकीन नहीं है। ठीक है, तुम सही रास्ते पर हो, इसी पर और आगे जाना पड़ेगा। बस इतनी-सी बात है। इसे भूल जाओ, ये एक डरावना सपना था। इस बारे में फिर कभी किसी से बात मत करना; मुझसे भी नहीं। होएडरर का हत्यारा मर चुका है। उसका नाम रास्कोल निकोफ था। वो शराबवाली चॉकलेट के जहर से मारा गया *(उसके बाल सहलाती है)* मैं तुम्हें कोई दूसरा नाम दूँगी।

ह्यूगो : क्या बात है ओल्गा ? तुम लोगों ने क्या कर डाला है ?

ओल्गा : पार्टी ने अपनी नीति बदल ली है। *(ह्यूगो उसे टकटकी बाँधकर देखता है।)* मुझे इस तरह से मत देखो। समझने की कोशिश करो। जब हमने तुम्हें होएडरर के पास भेजा था तो रूसियों से बातचीत में व्यवधान पड़ा हुआ था। हमें अपना रास्ता अकेले ही चुनना था। मुझे इस तरह से मत

देखो, ह्यूगो। मुझे इस तरह से मत देखो।

ह्यूगो : फिर क्या हुआ ?

ओल्गा : इस बीच सम्पर्क पुनः स्थापित हो गए। पिछली सर्दियों में रूसियों ने हमें बताया कि पूर्णतः सैनिक कारणों से वो चाहते हैं कि हम राजप्रतिनिधि के साथ समझौता कर लें।

ह्यूगो : और तुम...तुम लोगों ने इस आदेश का पालन किया ?

ओल्गा : हाँ, हमने सरकार और पेंटागन के साथ मिलकर छः सदस्यों की एक गुप्त समिति बनाई।

ह्यूगो : छः सदस्यों की ? और उसमें से तुम्हारे तीन वोट थे ?

ओल्गा : हाँ, तुम्हें कैसे पता चला ?

ह्यूगो : यूँ ही एक विचार आया, आगे कहो।

ओल्गा : इसके बाद सेना को किसी कार्रवाई में हाथ नहीं डालना पड़ा। इस तरह हमने शायद एक लाख इन्सानी जिन्दगियाँ बचा लीं। पर इतना हुआ कि जर्मनों ने तुरन्त देश पर हमला कर दिया।

ह्यूगो : बिलकुल ठीक। मुझे लगता है कि रूसियों ने आपको यह भी समझाया होगा कि वो अकेली प्रोलेटेरियन पार्टी को सत्ता नहीं देना चाहते, ऐसा करने पर उनके सहयोगियों में विवाद उत्पन्न होंगे और ये कि इन सब बातों के अलावा जनता की बगावत आप लोगों को साफ कर डालेगी ?

ओल्गा : पर...

ह्यूगो : मुझे लगता है कि मैंने पहले भी ये सब कहीं सुना है। तो होएडरर सही था ?

ओल्गा : उसकी कोशिश समय से बहुत पहले थी और इस नीति को आगे बढ़ाने के लिए वो सही आदमी नहीं था।

ह्यूगो : और इसलिए उसे मारना पड़ा ! ये बात शीशे की तरह साफ है। पर मुझे लगता है कि आपने उसकी छवि को पहले जैसा बेदाग कर दिया होगा।

ओल्गा : ऐसा करना ही था।

ह्यूगो : युद्ध के बाद उसकी मूर्ति स्थापित की जाएगी। हमारे सभी शहरों में उसके नाम पर सड़कें होंगी और उसका नाम इतिहास की सभी किताबों में होगा। मुझे होएडरर के लिए

बहुत खुशी है। उसका कातिल कौन था ? जर्मनों की तनख्वाह पर पलनेवाला कोई आदमी ?

ओल्गा : ह्यूगो...

ह्यूगो : जवाब दो।

ओल्गा : सभी कामरेड्स जानते थे कि तुम हमारे ही आदमी हो। उन्होंने ये कभी नहीं माना कि इस कत्ल का कारण ईर्ष्या थी। और तब हमने उन्हें समझा दिया–जितना भी हम समझा सके।

ह्यूगो : तुम लोगों ने कामरेड्स से झूठ बोला।

ओल्गा : झूठ बोला ? नहीं पर...युद्ध जारी है। सिपाहियों को हमेशा सारी सच्चाइयाँ नहीं बताई जाती।

(ह्यूगो ठहाका लगाता है।)

ओल्गा : तुम्हें क्या हुआ ? ह्यूगो ? ह्यूगो ? *(ज्यादा हँसने से ह्यूगो की आँखों में पानी आ जाता है, वो एक हत्थेदार कुर्सी पर धम्म से बैठ जाता है।)*

ह्यूगो : सब कुछ वही, जो वो कहता था, सब कुछ वही। ये सब एक स्वाँग है।

ओल्गा : ह्यूगो।

ह्यूगो : रुको ओल्गा, मुझे हँस लेने दो। दस साल से मैं कभी इतने जोर से नहीं हँसा। ये एक बड़ा बेढंगा-सा अपराध है सब इससे दूर रहना चाहते हैं। मैं ये नहीं जानता कि मैंने इसे क्यों किया और तुम लोगों को ये पता नहीं कि इसका किया क्या जाए ! *(उसे देखता है)* तुम सब एक जैसे हो।

ओल्गा : ह्यूगो, कृपा करके...

ह्यूगो : सभी एक जैसे ! होएडरर, लुईस, तुम सब लोग एक ही जैसे हो। मजबूत लोग, विजेता लोग, नेता लोग, ये मैं ही था जो गलत दरवाज़े पर आ पहुँचा था।

ओल्गा : ह्यूगो, तुम होएडरर को पसन्द करते थे।

ह्यूगो : मुझे लगता है कि मैंने उसे कभी भी इतना पसन्द नहीं किया था जितना कि मैं उसे इस क्षण पसन्द कर रहा हूँ।

ओल्गा : तब तुम्हें उसके काम को आगे बढ़ाने में हमारी मदद करनी चाहिए। *(ह्यूगो उसे देखता है, वो सहमकर पीछे हटती है)*

ह्यूगो।

ह्यूगो : *(नर्माई से)* डरो मत ओल्गा। मैं तुम्हें कोई नुकसान नहीं पहुचाऊँगा। सिर्फ तुम्हें चुप रहना पड़ेगा। एक मिनट सिर्फ एक मिनट ताकि मैं अपने विचारों को व्यवस्थित कर सकूँ। ठीक है, तब मेरी वापसी सम्भव है। बहुत बढ़िया, पर मैं बिलकुल अकेला, पूरा नंगा, बिना अतीत का बोझ कन्धे पर लिए। वापसी सम्भव है—मेरी पहचान बदलने की शर्त पर और अगर मेरी याददाश्त खो जाए तो और भी बेहतर होगा। पर इस अपराध को तो वापस लौटाया नहीं जा सकता, है ना ? ये एक महत्त्वहीन गलती थी। इसे वहीं पड़ा रहने दिया जाए, जहाँ ये फिलहाल है—कचरे के डिब्बे में। जहाँ तक मेरा सवाल है, मैं कल से अपना नाम बदल लूँगा। मेरा नाम जुलियन सोरेल या रास्तिन्याक या मुइश्कीन होगा और मैं पेंटागन पार्टी के लोगों के साथ कन्धे-से-कन्धा मिलाकर काम करूँगा।

ओल्गा : मैं...

ह्यूगो : चुप रहो ओल्गा। तुम्हारे आगे हाथ जोड़ता हूँ कि एक शब्द भी मत कहो *(एक क्षण सोचता है)* ये नहीं होगा।

ओल्गा : क्या नहीं होगा ?

ह्यूगो : यही कि मैं तुम लोगों के साथ काम नहीं करूँगा।

ओल्गा : ह्यूगो तुम समझे नहीं। वो लोग अपने रिवाल्वरों के साथ आनेवाले हैं...

ह्यूगो : अच्छी तरह जानता हूँ। उन्हें आने में थोड़ी देर हो रही है।

ओल्गा : तुम एक कुत्ते की मौत मारे जाना तो नहीं चाहोगे ? बिना किसी कारण के मरना ? हम तुम्हारा यकीन करेंगे, ह्यूगो। तुम देखना, तुम हमारे सच्चे कामरेड होगे। तुम पहले ही इसका सबूत दे चुके हो।

(एक गाड़ी, इंजिन की आवाज़)

ह्यूगो : वो लोग आ पहुँचे।

ओल्गा : ह्यूगो ये जुर्म होगा। पार्टी...

ह्यूगो : बस बहुत हुआ ओल्गा। भारी-भारी शब्दों का और अधिक इस्तेमाल मत करो। इस कहानी में पहले ही बहुत सारे

भारी-भरकम शब्द रहे हैं और उन्होंने सिर्फ नुकसान ही किया है। *(गाड़ी गुजर जाती है।)* ये उनकी कार नहीं है। मेरे पास तुम्हें ये बात समझाने का समय है। सुनो, मैं नहीं जानता कि मैंने होएडरर को क्यों मारा पर मैं ये जानता हूँ कि मुझे उसे क्यों मारना चाहिए था क्योंकि वो गलत नीति पर चल रहा था, क्योंकि उसने अपने कामरेड्स से झूठ बोला था और क्योंकि ऐसा खतरा था कि वो पूरी पार्टी को सड़ा डालता। अगर मुझ में गोली चलाने का साहस तब होता जबकि मैं कार्यालय में उसके साथ अकेला था तो वो इन कारणों से मारा जाता और तब मैं अपने बारे में बिना शर्म के सोच पाता। मुझे खुद पर शर्म आती है क्योंकि मैंने उसे बाद में मारा और अब तुम लोग चाहते हो कि मैं खुद पर और भी ज्यादा शर्मिन्दा होऊँ और कि मैं मान लूँ कि मैंने उसे बेवजह मार डाला। ओल्गा, होएडरर की राजनीति के बारे में जो मैं पहले सोचता था वही अब भी सोचता हूँ। जब मैं जेल में था तो मुझे यकीन था कि तुम मुझसे सहमत होगी और इस बात से मुझे बड़ा सहारा मिलता था पर अब मैं जानता हूँ कि मेरे विचारोंवाला मैं अकेला आदमी हूँ पर फिर भी मैं अपने विचार बदलूँगा नहीं।

(इंजिन की आवाज)

ओल्गा : इस बार ये वही लोग हैं। सुनो, मैं उन्हें रोक नहीं सकती...ये रिवाल्वर लो और मेरे कमरेवाले दरवाज़े से बाहर निकलना। अपनी किस्मत आजमा लो।

ह्यूगो : *(बिना रिवाल्वर लिए हुए)* तुमरे होएडरर को एक महान आदमी बना दिया लेकिन मैं उसे इससे कहीं अधिक चाहता था जितना कि तुम लोग उसे कभी नहीं चाहोगे। अगर मैं अपने किए काम से दोबारा मुकर जाऊँ तो वो एक बेनाम लाश बनकर रह जाएगा, पार्टी का एक सड़ा-गला अंग मात्र। *(गाड़ी रुकती है)* वो संयोग से मारा गया, एक औरत के लिए मारा गया।

ओल्गा : चले जाओ।

ह्यूगो : होएडरर जैसा आदमी संयोग से नहीं मारा जाता। वो अपने

आदर्श, अपनी नीतियों के कारण मारा जाता है, वो अपनी मौत का खुद जिम्मेदार होता है। अगर मैं अपना अपराध सरेआम स्वीकार कर लूँ, अगर मैं अपना नाम दोबारा रास्कोलनिकोफ रख लूँ, अगर मैं इसके लिए वो कीमत चुकाना तय कर लूँ, जो मुझे इसके लिए चुकानी पड़ेगी, तब ही कहीं जाकर होएडरर को एक सार्थक मौत मिलेगी जो उसे शोभा देगी।

(दरवाज़े पर दस्तक)

ओल्गा : ह्यूगो, मैं...।

ह्यूगो : *(दरवाज़े की तरफ बढ़ता हुआ)* मैंने अभी होएडरर को नहीं मारा, अभी तक नहीं। अब मैं उसे मारने जा रहा हूँ और उसके साथ ही खुद को भी।

(दरवाज़े पर दुबारा दस्तक)

ओल्गा : *(चीखती हुई)* तुम लोग वापस चले जाओ। तुम लोग वापस चले जाओ।

ह्यूगो : *(लात मारकर दरवाज़ा खोलता है और चीखता है)* वापसी सम्भव नहीं।

(पर्दा)

●●●